Wilfried Hammacher
Einführung in Rudolf Steiners Mysteriendramen
IV

Wilfried Hammacher

Einführung in Rudolf Steiners Mysteriendramen

DER SEELEN ERWACHEN

PHILOSOPHISCH-ANTHROPOSOPHISCHER
VERLAG AM GOETHEANUM

*Einführung in Rudolf Steiners Mysteriendramen**

Bd. I: Die Pforte der Einweihung
Bd. II: Die Prüfung der Seele
Bd. III: Der Hüter der Schwelle

*im Philosophisch-Anthroposophischen Verlag am Goetheanum, Dornach 1984

Einbandgestaltung unter Verwendung einer Zeichnung und der Fotosatzschrift von Walther Roggenkamp

Gesamtherstellung Zobrist & Hof AG, CH-4410 Liestal
ISBN 3-7235-0367-5

Inhalt

Vorwort zur zweiten Auflage

Diese einführenden Betrachtungen haben im Zusammenhang mit den Aufführungen der Mysteriendramen durch die Novalis-Bühne seit 1979 so viel Interesse gefunden, daß die erste Auflage nun vergriffen ist. Es hat sich gezeigt, daß sie dem eine Hilfe sein durften, der sich in die Mysteriendramatik Rudolf Steiners einzuleben sucht. Es sei deshalb dem Philosophisch-Anthroposophischen Verlag herzlich gedankt für die Neuausgabe.

Insbesondere möchte ich Hans-Jürgen Heitmann und Inge Scholter dafür danken, daß sie durch ihre Korrekturen mithalfen, den Stil vom gesprochenen ins geschriebene Wort umzusetzen.

Stuttgart, Michaeli 1983

Wilfried Hammacher

Vorwort zur ersten Auflage

Es ist in diesen Autoreferaten von Vorträgen der Versuch unternommen worden, nichts in den Dramen zu «erklären» oder zu deuten oder aus anderen anthroposophischen Schriften Rudolf Steiners zu beleuchten. Ich habe mich lediglich bemüht, die Zusammenhänge in sich selbst klarer zu machen, um so in das innere Leben der Dramen immer tiefer eintauchen zu können. Ich folgte darin der oft wiederkehrenden Bemerkung Rudolf Steiners, daß man nichts *hinter* den Dramen zu suchen habe, daß alles in ihnen selbst und ihrer dichterischen Kraft zu finden sei. Meine Erfahrung ist, daß der, welcher sich in das *Ganze* des Werkes hineinarbeitet, jedes einzelne Motiv miterleben kann. Kurz, ich bemühte mich, die Sphäre der Kunst im Durchdringen der Dramen niemals zu verlassen. – Ich empfand deshalb eine große Freude, als ich eines Tages, nachdem ich diese Vorträge abgeschlossen hatte, in einführenden Worten zu einer Eurythmie-Vorstellung vom 26.8.1921 die folgende Bemerkung Rudolf Steiners fand: «Ich darf vielleicht, ohne unbescheiden sein zu wollen, sagen, daß jede Einzelheit dieser Dramen unmittelbar in ihrer vollen Räumlichkeit und Zeitlichkeit anschaulich vor meiner Seele stand. Die tun diesen Dramen Unrecht, die sie symbolisierend in abstrakte Begriffe auflösen. Ich hatte nie solche abstrakte Begriffe in der Seele. Ich sah nur die Personen, hörte ihre Worte, nahm ihre Handlungen wahr. Für mich ist alles auf einer geistig geschauten Bühne bis auf die Szenerie fertig dagewesen.»

Stuttgart, im August 1979

Wilfried Hammacher

Der Kampf um die Vermählung von Geisteszielen und Sinnestaten. Das 1. und 2. Bild

Das letzte der vier Dramen hat den Titel «Der Seelen Erwachen». Es sollte nicht das letzte der Dramen sein. Ein fünftes sollte folgen. Welchen Weg haben wir bis zu diesem vierten Drama hin durchlaufen? Die übrigen Titel sprechen es aus. «Die Pforte der Einweihung» führte eine Anzahl von Individualitäten in das übersinnliche Gebiet hinein. Durch diese Tatsache ergab sich «die Prüfung der Seele». Daraufhin tritt den in die Geistwelt Eindringenden «der Hüter der Schwelle» entgegen. Was sich jenseits dieser Schwelle nun ereignet, das ist der Seelen Erwachen. Der Untertitel des Dramas bezeichnet die Sphäre der Handlung genauer: «Seelische und geistige Vorgänge in szenischen Bildern.» Die Untertitel der übrigen Dramen lauteten: Rosenkreuzermysterium für das erste, Lebensbild für das zweite und Seelenvorgänge für das dritte Drama. Erst im vierten Drama werden auch geistige Vorgänge dramatisiert.

Wir haben bei den vorangehenden Betrachtungen gesehen, daß in dem Siegel, das auf der Titelseite jedes Dramas steht, das gesamte Drama wie in einem Samen auf vollendete künstlerische Weise zusammengefaßt ist. Das gesamte Geschehnis, die Komposition, die Substanz des Dramas ist von der Künstlerhand des Dichters in dieses Siegel hineingeprägt. Wie aus dem Samen sich die Pflanze entwickelt und im Samen wieder zusammenzieht, so entfaltet sich aus dem inneren Eindruck des Siegels das Drama und findet sich nach dem Erlebnis desselben wie im vertieften Eindruck in dem Siegel wieder. Dringt man auf diese Weise in den künstlerischen Ideenkeim der vier Dramen ein, so läßt sich der Fortgang der vorangegangenen drei Dramen folgendermaßen schildern:

Das erste Drama ist das Drama der Erleuchtung. Ein Lichterlebnis. Das Lichterlebnis wird wie in einer Spiegelung, in einer fugenartigen Metamorphose in die Sphäre der Wärme getragen. Was im Lichte geschaut ist, strebt in der Wärme zur Verwirklichung. Liebes-Licht strebt zu Liebes-Wärme. Lebensbilder sind die Vorgänge des zweiten Dramas. Was im ersten Drama durch Spiegelung aufgerufen worden ist, das belebt sich im zweiten Drama in der Gemeinschaft der Charaktere zu einer lebendigen Menschenbildung. Die Geistorgane beleben sich. Das zweite Drama durchziehen die Vorgänge der Lebensbildung. Das dritte Drama spielt immer wieder in irdischen Situationen, in die aus anderen Szenen der kosmische Klang der rein geistigen Welt hereintönt, auch hereindröhnt. Orte der irdischen Welt, wo menschliche Persönlichkeiten wohnen, werden dargestellt und Wohnräume kosmischer Art, an denen Geistwesen auf ganz persönliche Art auftreten. Der Entwicklungsweg der einzelnen Charaktere treibt sich wie auf polyphone Weise voran, so daß er sich wie in immer mächtigeren Akkorden mit den Ereignissen der Geistwelt zusammenschließt. Keines der anderen Dramen hat diese Spannung zwischen den physischen und den kosmischen Szenen. Indem die eingeweihten Seelen zwischen diesen Sphären auf- und niedersteigen, entfaltet sich eine gewaltige Musik, nach Maß und Zahl geordnet.

Überschaut man auf diese Weise die vier Dramen, wie stellt sich das erste Bild des vierten Dramas dar im Hinblick auf die ersten Bilder der drei vorangegangenen Dramen? Dem 1. Bild des ersten Dramas geht ein Vorspiel voran, in dem die Keimkraft des Gedankens gezeigt wird, der aus dem intellektuellen Tagesbewußtsein zu einem lebendigen, schauenden Bewußtsein emporzusteigern vermag. Das erste Bild zeigt dann eine Anzahl von Menschen im Gespräch über die vorher gehörte Geisteslehre und über sich selbst. Vielfältig, unzusammenhängend, auch gegensätzlich erscheinen diese Reden. Und doch spricht Maria den Eindruck so aus:

> Wenn vieler Menschen Worte
> In solcher Art sich vor die Seele stellen,
> Dann ist's, als ob
> Geheimnisvoll dazwischenstünde
> Des Menschen volles Urbild.

Was die Menschen verbindet, überschwebt sie wie ein Lichtelement, eine Einheit, die in den einzelnen vielfältig verwandelt erscheint. – Das zweite Drama beginnt in der Studierstube eines Professors. Capesius hält Rückschau auf sein Leben. Er setzt sich auseinander mit der Geisterkenntnis. Eine tiefe Gewissenskraft sagt ihm, daß das Streben nach Geisterkenntnis nicht seine persönliche Angelegenheit sei, sondern daß geistige Wesenheiten geistige Lebenskeime in die Menschen gelegt haben, die entwickelt werden müssen, wenn der Mensch sich nicht an diesen Geistwesen und an sich selbst versündigen will. In der Einsamkeit beginnt das zweite Drama. – Das dritte Drama beginnt mit einer Szene, wo Menschen versammelt sind, die mehr oder weniger oder gar nicht mit der Geisterkenntnis verbunden sind. Das allgemein Menschliche tritt hervor. Es ist eine ganz öffentliche Versammlung vor den Toren des Rosenkreuzertempels, aus dem dann später die Eingeweihten hervortreten, um ihre Geheimnisse der Öffentlichkeit zu übergeben. – Wie beginnt das vierte Drama?

Die ersten drei Dramen beginnen mit Szenen, in denen sich das Geistesleben der Menschheit darstellt. Das vierte Drama beginnt in dem Büro einer Fabrik. Der Dialog handelt von der schlechtgehenden Produktion. «Man kann sich denken, daß Gottgetreu Besitzer eines Werkes ist, in dem Holzsägearbeit gemacht wird.» Das ist eine szenische Bemerkung aus dem 1. Bild. Also wie in jeder Fabrik werden Produkte der Natur als solche zerstört und durch die Technik in Produkte der Zivilisation umgewandelt. Ein Sekretär und der Bürochef, der erste Direktor, unterhalten sich darüber, daß dieses Werk, das ein alter Familienbesitz ist und berühmt für seine Qualität und Pünktlichkeit war, nun unter dem jetzigen Besitzer, Hilarius Gottgetreu, heruntergekommen ist. Warum? Weil – so sagt der Bürochef – Hilarius Gottgetreu, den wir im dritten Drama als Großmeister des Rosenkreuzerbundes kennengelernt haben, sich Träumern und Phantasten ausgeliefert hat: den Schülern des Benedictus. Der alterfahrene Praktiker und Könner in der Führung der Fabrik muß das Eingreifen der Eingeweihten in seine Sphäre so beurteilen. Also die Menschen, die wir als hervorragende, mächtige Gestalten kennengelernt haben, die durch diese gewaltigen Entwicklungen hindurchgeschritten sind, sie verderben im Augenblick, wo sie in die physische Sphäre eingreifen, alles, was dort bisher fruchtbar geleistet worden ist. Nun tritt Hilarius Gottgetreu in das Gespräch ein. Wie beurteilt er die Lage? Ganz ähnlich, wie er als Großmeister des Ritterbundes im Mittelalter die damalige Situation beurteilte. Er rief die Ritter auf, dem gewissen Untergang freudig sterbend entgegenzugehen. Denn auf die Keime, die gesät würden, käme es an. Und so sagt Hilarius:

> Wer Neues schaffen will, der muß gelassen
> Des Alten Untergang erleben können.

Worauf es Hilarius Gottgetreu ankommt, ist, daß allem, was in seiner Fabrik rein physisch, technisch geschieht, ein innerer Geist eingeprägt wird.

Es soll fortan Thomasius als Künstler
Die Arbeitsstätte leiten, die ich ihm
In unsrer Nachbarschaft erbauen will.
So wird, was wir mechanisch leisten können,
Von seinem Geiste künstlerisch gestaltet
Und zu der Menschen Taggebrauch dann liefern,
Was nützlich ist und edle Schönheit trägt.
Gewerbe soll mit Kunst zur Einheit werden,
Alltäglich Leben mit Geschmack durchdringen.
Ich füge so zum toten Sinnesleib,
Als welcher unsre Arbeit mir erscheint,
Die Seele, die ihr erst den Sinn verleiht.

Die materielle, technische Produktion bezeichnet er als toten Sinnesleib. In sich selbst fühlt er die Seele, die dem Sinn verleihen möchte. Was innen lebt, möchte er mit dem, was außen erscheint, durchdringen.

Der Bürochef entgegnet, daß ein solcher Gesichtspunkt dem Geiste unserer Zeit nicht angemessen sei. Die Arbeit müsse nach rein wirtschaftlichen und technischen Gesichtspunkten geführt werden. Und nun sagt der Bürochef etwas sehr Merkwürdiges:

Die Mächte, die im Leben unpersönlich
Den Teil ins Ganze wirksam strömen lassen,
Sie geben jedem Glied gedankenlos
Den Wert, den Weisheit ihm nicht schenken kann.

Für den Bürochef sind die Arbeit im Betrieb und seine geistigen Interessen, was er unter Weisheit versteht, zwei völlig getrennte Gebiete. Das eine durchdringt nicht das andere. Oder: das Persönliche hat mit dem Sachlichen seiner Arbeit nichts zu tun. Auf die Frage, wer nun die künstlerischen Entwürfe des Johannes Thomasius in die Produktion überführen soll, antwortet Hilarius mit dem Vorschlag, daß Strader der rechte Mann sei. Der Bürochef aber weist darauf hin, daß gerade Strader die Fabrik zu völligem Untergange führen würde, denn er habe mit seinem Mechanismus bereits Schiffbruch erlitten und damit bewiesen, daß er für eine solche Aufgabe ungeeignet sei. Keine Einigung erscheint zwischen dem Manne der Praxis und dem Besitzer, der das innere geistige Ideal vertritt. Der Bürochef vertieft die Kluft zwischen den beiden Männern noch mit der Ansicht, daß er durch das Studium der Geisteswissenschaft und durch die Beobachtung der Geistesschüler erkannt habe, daß immer dann, wenn das geistige Leben in die physische Wirklichkeit hineingetragen würde, Unheil und Chaos entstehen.

Schaut man auf den Konflikt dieser beiden Männer, so wird etwas offenbar, was sich täglich in unserer eigenen Seele darstellt. Die äußere Körperlichkeit wird dauernd durchdrungen von dem, was Sinn gibt, was unser geistiges Wesen ist, und was als Seele dann diesen geistigen Sinn im Physischen gestaltet. Würden wir also das Prinzip des Bürochefs für uns selbst aufrechterhalten, das sinngebende geistige Wesen dem Physischen entziehen, dann würden wir tot umfallen. Trennung von Geist und Materie bedeutet für die Seele Tod. Leben heißt, daß unsere Seele ihre geistigen Intentionen mit jeder Bewegung, in jeder Handlung unseres Leibes gestaltet. So sehen wir, wie Hilarius Gottgetreu und der Bürochef nicht in der Lage sind, den Tod abzuwenden. Der Bürochef, der gleichsam zu tief im Leibe sitzt und den Tod deshalb nicht bemerkt, bleibt dem Problem gegenüber blind. Hilarius Gottgetreu, der das Problem sieht, aber unfähig ist für die Gestaltung im Physischen, bleibt ohnmächtig. An diesem Punkt des Gesprächs tritt Strader ein. Seine Worte zeigen, daß er die vorangegangene Diskussion voll erfaßt in ihrer Hoffnunglosigkeit. Er antwortet dem Bürochef mit einem Wort, das dieser, wie aus späteren Szenen hervorgeht, nie vergißt, wenn es ihn auch im Augenblick nicht zu einer Meinungsänderung bewegt. Aber als tiefe Erschütterung wirkt dieses Wort dann weiter in seiner Seele. Strader, der Eingeweihte, diskutiert nicht, er stellt fest:

> So stellt in euch ein Geisteswissens-Irrtum
> Sich gegen meine Ansicht feindlich hin.

Nach beendeter Diskussion spricht Strader die Worte aus, die dann stark in der Seele des Bürochefs nachwirken. Weniger im Inhalt, als in der Willensgewalt dieser Worte liegt ihre Wirkung.

> Doch wird geschehen, was geschehen muß.

Rein inhaltlich würden diese Worte bedeuten, daß Strader etwa sagte:

> Es wird erneute Prüfung meiner Pläne – – –
> Gewiß die Ansicht wandeln, die ihr euch
> Beim ersten Überdenken bilden mußtet.

Die Worte heißen aber nicht so. Sondern die Worte lauten:

Es wird erneute Prüfung meiner Pläne – – –
Vielleicht die Ansicht wandeln, die ihr euch
Beim ersten Überdenken bilden mußtet.

Was bedeuten aber die drei Gedankenstriche, die Rudolf Steiner setzt, diese Pause? Wenn das, was geschehen muß, auch geschehen wird, so kann die Prüfung der Pläne nur dazu führen, daß der Bürochef auch sicher seine Ansicht ändern wird. Warum aber nimmt Strader eine Wendung, mitten im Satz, indem er *vielleicht* sagt? Die Exposition dieses Dramas beginnt in der alltäglichen Welt und entwikkelt sich zu einer Lebensfrage, durch die der Tod nach und nach hindurchschaut. Diese Fragestimmung, diese Leere, diese bange Pause, sie kulminieren an dieser Stelle von Straders Rede. Und aus diesem Moment heraus wendet er den Satz zum «vielleicht».

Das 2. Bild spielt in einer Gebirgslandschaft, ganz in der Nähe des Hauses von Hilarius und dessen Werk. «Ein Wasserfall auf der rechten Seite.» Vom 1. zum 2. Bilde gehen wir gleichsam einen Schritt zurück, aus der Sphäre der Produktion in die Sphäre der Natur. Von denen, die die Werkmeister der Fabrik sind, gehen wir zu den Werkmeistern der Natur, zu den Naturgeistern. In dieser Landschaft befindet sich Johannes Thomasius, der Künstler, hingegeben der Schönheit der äußeren Sinneswahrnehmung. Der Maler, der so lange verborgen bleiben mußte, tritt uns in ihm wieder entgegen. Aber wie spricht er? Er sagt nicht «Ich nehme diese Landschaft in ihrer Schönheit wahr», sondern er sagt immer: Johannes sieht dieses oder jenes. So wie ein kleines Kind von sich selbst spricht. Warum das? Erinnern wir uns an das letzte Bild des vorangegangenen Dramas, an den Rosenkreuzertempel. Indem Johannes Thomasius von Hilarius das Amt im Osten übernimmt, sagt er: Ich bestehe aus zwei Menschen. Der eine ist der Schwache, Unvollkommene, der zerstörenden Leidenschaften hingegeben ist, der an den anderen, den Geistigen nur hinreicht durch die Hilfe von Benedictus und Maria. Der Alltagsmensch und der Eingeweihte in Johannes Thomasius stehen sich als zwei Menschen gegenüber. Wir erleben in Johannes Thomasius genau das, was der Inhalt der ersten Szene war. Johannes Thomasius erlebt seinen geistigen Menschen wie über sich schwebend, ohnmächtig, die Werkstatt seines Alltagsmenschen zu durchdringen. Die erste Szene wiederholt sich gleichsam in einem Menschen, auf dem Hintergrunde der Natur. Der Sinneswelt, der Sinnestätigkeit leidenschaftlich zugekehrt, sehen wir Johannes Thomasius sich in malerische Träume verlieren. Eingeschlafen ist der geistige Mensch. Auch das Verhältnis zu Maria, das sich während des dritten Dramas vergeistigt hatte durch die äußere Trennungszeit, erscheint jetzt wieder ganz so, wie wir es im zweiten Drama erlebt haben. Wie teilt sich dies mit? Das innere Gedankenvermögen, die Meditation des Johannes Thomasius ist dahin fortgeschritten, daß sich in der Gedankenform das Wesen des andern Menschen mitteilen kann. Das ist als dramatisches Mittel neu in diesem Drama. Und so erscheint Maria Johannes Thomasius in Gedankenform. Sie erscheint so streng, so ganz als Geist, daß er den Eindruck erschreckt zurückweist. Er wünscht sie so leidenschaftlich, so in innerer persönlicher Wärme zu erleben, wie es seinen Künstlerträumen in diesem Augenblicke allein erträglich erscheint. Aber die Meditation vertieft sich und in der Gedankenform spricht sich Marias Wesen real aus:

> Maria, so wie du sie schauen willst,
> Ist sie in Welten nicht, wo Wahrheit leuchtet.
> In Truges Reichen webt Johannes' Geist,
> Vom Seelenwahn verführt; – befreie dich
> Von Wunschesmächten, welche dich verlocken.
> Ich fühle deinen Seelensturm in mir;
> Er raubt die Ruhe mir, der ich bedarf.
> Es ist Johannes nicht, der solchen Sturm
> In meine Seele lenkt; ein Wesen ist's,
> Das er in sich vor Zeiten schon besiegt.
> Als Wahn durcheilt es jetzt die Geistesweiten –;
> Erkenn' es und es wird als Nichts verstieben.

Wie ein Mensch, der von der Tagesarbeit erschöpft ist, sich in die Arme des Schlafes wirft, so wirft sich Johannes Thomasius, erschöpft von den Anstrengungen seiner geistigen Existenz, in die Arme des Künstlertraumes. Und er weist die Geistigkeit seines eigenen und des Wesens von Maria von sich. Und wieder vertieft sich die Meditation des Johannes Thomasius. Seine eigenen Gedanken sprechen sich durch das Wesen und die Worte des Benedictus aus:

> Johannes, höre deiner Seele Mahnung;
> Der Mensch, der geistig dich erfüllend, dir
> Als deines Wesens Urgewalt erstanden,
> Er muß an deiner Seite treulich walten
> Und von dir fordern, seines Wesens Kräfte
> In deinem Wollen menschlich zu erschaffen.

Die geistige Urgewalt seines Wesens soll in die Werkstatt seiner niederen Menschlichkeit, seines Wollens eindringen. Das Sorgen um das persönliche, das egoistische Träumen aber muß er in sich verschließen. Nur so kann die Macht des geistigen Menschen in ihm wirksam werden.

Du sollst die eignen Sorgen fest verschlossen
Im Seeleninnern mit durchs Leben tragen.
Du selbst gewinnst dich nur, wenn du von ihm
Dich mutig willst stets mehr besitzen lassen.

Und wieder verstärkt sich die Meditation, in der Maria als Gedanke von Johannes geschaut wird. Eindringlich spricht sie zu ihm, daß er ihr Wesen nicht auf diese sentimentale Art, auf diese abgelebt romantische, nur im Gefühl bleibende Weise erkennt. Auch sein eigenes Wesen bleibt so in seiner Seele stecken. Die Behaglichkeit soll aufgegeben werden. Dort findet Johannes das Wesen der Maria, wo der Geist in jedem Augenblick das Licht erschaffen muß.

Mein heilig ernst Gelöbnis strahlet Kraft,
Die dir erhalten soll, was du errungen.
Du findest mich in kalten Eisgefilden,
Wo Geister sich das Licht erschaffen müssen,
Wenn Finsternisse Lebenskräfte lähmen. – – –
In Weltengründen suche mich, wo Seelen
Das Götterfühlen sich erkämpfen müssen
Durch Siege, die vom Nichts das Sein ertrotzen.
Doch nimmer suche mich im Schattenreich,
Wo abgelebtes Seelenleben sich
Aus Wahneswesen flüchtig Sein erlistet,
Und Traumesgaukelspiel den Geist umspinnt,
Weil er genießend sich vergessen will,
Und *Ernst* ihm unbehaglich scheinen kann.

Die Sprache des Geistes trifft Johannes Thomasius auf eine strenge, scharfe, ja drastische Weise. Aber Johannes ruft dem entgegen aus:

Sie spricht von Wahn – – – –
– – – Doch schön ist dieser Wahn.
Er lebt; Johannes fühlt in ihm sich selbst,
Er fühlt Marias Nähe auch in ihm. – –
Johannes will nicht wissen, wie der Geist
In dunklen Seelentiefen Rätsel löst.
Doch schaffen will er, will als Künstler wirken.
So bleibe ihm verborgen, was in ihm
Bewußt nur Weltenhöhen schauen möchte.

Der Künstleregoismus siegt. Er weist den höheren Menschen von sich. Er wirft sich in den Traum seiner unmittelbaren künstlerischen Genialität.

Während dieser Vorgänge befand sich auch Capesius in der Landschaft. Es heißt: «Capesius erhebt sich von seinem Sitze; rüttelt sich wie aus tiefem Sinnen auf.» Er tritt zu Johannes und schildert ihm, daß er dessen Erlebnisse innerlich miterlebt habe. Capesius aber weiß, daß ein Mensch niemals Zutritt zu dem Inneren eines anderen Menschen hat, außer in dem Augenblick, wo er eine neue Erkenntnisstufe sich errungen hat. In tiefer Beschämtheit gesteht Johannes die Wahrheit des Miterlebten ein. Durch Maria, die hinzugetreten ist, kommt das Gespräch auf die Aufgaben, die durch Hilarius in dem Werk entstanden sind. Während Johannes Thomasius die künstlerische Gestaltung, Strader die Produktion übernehmen sollte, sollten Capesius, Maria und Benedictus durch Vorträge wirksam werden. Denn für das ganze Unternehmen und seine Ziele mußte ja erst ein Bewußtsein geschaffen werden bei den Beteiligten. Für Capesius ist das Erlebnis mit Johannes das Zeichen, daß sein Geistessieg streng verlangt, sich von der Teilnahme an der Arbeit im Werk des Hilarius zurückzuziehen. Maria schaut aus seiner Seele Lucifer aufsteigen, wirksam werdend, indem Capesius sich mit den Schwingen seines Geistes von dem liebewarmen Erdenwerke befreit. Was aber veranlaßt Capesius, von seiner Erdenarbeit zurückzutreten? Er sagt:

> Weit mehr, als wenn sie äußre Werke schafft,
> Verliert die Geisteskraft im Worte sich.
> Es zwingt das Wort Geschautes zu begreifen;
> Doch sind Begriffe Seherkräften feindlich.

Je weiter die Dramen fortschreiten, desto mehr muß das Erleben immer wieder zurückgreifen auf das Geschehene. Bei dieser Rede des Capesius taucht das ganze dramatische Geschehen des 6. Bildes im «Hüter der Schwelle» auf. Dort durchlebte er, wie die Seherkräfte sich von dem feinen Leibgewebe des Denkens befreien müssen. Das lebt jetzt in seiner Seele auf. Darum löst er sich von der Aufgabe im Werk des Hilarius und verläßt die Landschaft. – So wird auch verständlich, wenn Maria sagt, daß nicht flüchtiges Wollen Capesius fortzieht, sondern sein Zustand. Daran erkennt sie die strengen Zeichen des Schicksals. Was für eines Schicksals? Capesius sagte:

Als Vorbild zeigt sich Vater Felix mir,
Er sucht auf Wegen, die den andern fremd,
In stolzer Einsamkeit das Geisteslicht.
Und seinem Suchen ward Erfolg, – weil er
Begreiflich Wesen sich stets ferne hielt.
Ihm streb' ich ferner nach: und euer Werk,
Das Seherkraft mit Erdensein belastet,
Es wird Capesius nicht mehr verführen.

Von der Einsamkeit spricht Capesius. Diese Einsamkeit sucht er, Felix Balde folgend. Was für ein Schicksal zeigt sich denn hier? Wir müssen bis zum 7. und 8. Bilde auf die Antwort warten. – Im weiteren Verlauf trennt sich auch Johannes Thomasius von dem Werk des Hilarius.

Wir erleben also Johannes Thomasius in diesem Augenblicke sich so in den Zwiespalt seines Wesens hineinstellend, daß er sich von dem Geistesmenschen in sich abwendet hin zu dem elementarischen, künstlerisch träumenden, dem Sinnensein hingegebenen Menschen. Da gebietet ihm Maria – der Geist in ihr gebietet – die Geisteskräfte des Elementarischen und Kosmischen aufzurufen. Sie gebietet Johannes, sein abgelebtes, niederes Wesen mit den Naturgeistern zu vergleichen:

Vergleich es mit der Elemente Wesen,
Mit Schatten und mit Schemen aller Art,
Auch stell es neben mancherlei Dämonen,
Und so erfahre, was es wirklich gilt.

Den Geistesmenschen aber heißt sie ihn in der Verbindung mit den kosmischen Geistwesenheiten zu erkennen:

Doch *dich* ergründe in der Geister Reich,
Die Urbeginn verbinden andrem Urbeginn,
Die Weltenkeimeskräften nah sich wissen
Und Sphärenzielgedanken Richtung weisen.

Wir erleben die dritte Stufe der Metamorphose: Aus dem Konflikt von Geist und Materie im 1. Bild wurde der Zwiespalt des Johannes im 2. Bild zwischen dem höheren und niederen Menschen in ihm. Und jetzt erleben wir, wie er sich hineinbegibt in die Zweiheit der kosmischen und der elementarischen Gewalten. Wir werden sehen, wie aus diesem Erleben etwas hervortritt, was Johannes bis zum Schluß dieses Dramas geleitet. – Johannes folgt dem Gebot der Maria mit den Worten:

Ich will es hören, – will mir selber trotzen.

Nun erscheinen seinem schauenden Blick die Werkmeister der Natur, die Gnomen und Sylphen. Seine Schau erweitert sich, indem Philia, Astrid, Luna erscheinen und weiter aussprechen, was diese Wesen treiben, was sie den Menschen bedeuten. Was sie sprechen, soll im nächsten Vortrage genauer betrachtet werden. Als letzte Gestalt erscheint die Andre Philia, die nicht länger die Wesenheit, welche die Verbindung der Seelenkräfte mit dem Kosmos hemmt, genannt wird. Sie ist jetzt: «Die Trägerin des Elementes der Liebe in der Welt, welcher die geistige Persönlichkeit angehört.» Die Andre Philia erscheint verwandelt. Aus dem Hemmnis gegenüber dem Kosmos reift die tiefste Innerlichkeit, die Liebe in der Sphäre des Geistes. Sie spricht die Worte, die allein in der Seele des Johannes zurückbleiben:

Und wachendes Träumen
Enthüllet den Seelen
Verzaubertes Weben
Des eigenen Wesens.

Am Anfang der Szene suchte Johannes das Träumen in der Natur. Er suchte sich dem Wachen im geistigen Bereich zu entziehen. Die Andre Philia ruft ihn zu einem Zustande auf, in dem Wachen und Träumen sich durchdringen zu einer neuen Wahrnehmung. Dann rief Maria Johannes auf, das verzauberte Weben der elementarischen Welt und Wesenhaftigkeit innerlich zu vergleichen mit seinem eigenen Wesen. Beides durchdringt sich ebenfalls in den Worten der Andren Philia. Im Meditieren dieser Worte erregt sich eine Kraft in seiner Seele. Aus dieser Kraft enthüllt sich ihm der Geist seiner Jugend. Links von diesem erscheint Lucifer, rechts die Seele der Theodora. Lebendig, wesenhaft tritt das Bild seiner eigenen Jugend vor Johannes hin. Es lebt auf, wenn Johannes sich seiner Vergangenheit überläßt. Erhebt er sich selbst zu seiner geistigen Höhe, so ist der Geist seiner Jugend dazu verdammt, «den grausen Schatten schlimme Dienste» zu leisten. Lucifer möchte diesen Geist seiner Jugend stark in das Bewußtsein des Johannes heraufheben, um ihn an seine eigene Vergangenheit zu ketten. Theodora möchte ihn gleichsam in die unbewußten Tiefen des Johannes versinken lassen, daß er dort erfrischend, belebend in seiner Seele wirke.

Ich will den Elementen dich verbünden,
Die unbewußt in Weltenweiten wirken
Und stets dem Seelenwachen sich entziehen.
Du kannst mit Erdengeistern Formen bilden
Und mit den Feuerseelen Kräfte strahlen,

Wenn du dein wissend Sein dem Willen opferst,
Der ohne Menschenweisheit lichtvoll kraftet.

Wie Maria es aussprach, ist dieser Schattengeist den elementarischen Geistern verwandt. Der Erkenntniswille des Johannes richtet sich nun auf die Frage: Ist dieser Geist der Jugend eine Realität? Und die Andre Philia antwortet ihm:

Er *lebt*, – er ist zum Sein durch dich erweckt.
Wie alles sich im Spiegel bildhaft zeigt,
Was Licht auf seine Flächen strahlen läßt,
So muß, was du in Geistesreichen schaust,
Bevor die volle Reife dir das Recht
Zu solchem Schauen gibt, – sich lebend spiegeln
Im Reich der halberwachten Schattengeister.

Was heißt das? In der Sinneswelt fällt das Licht auf die Gegenstände. Die Gegenstände werden, so beleuchtet, durch einen Spiegel für das Auge zurückgeworfen. Das erleuchtete Geistorgan des Sehers schaut die Wesenheiten, die ihr Licht in sein Bewußtsein einströmen lassen. Ist aber nicht die genügende Reife dazu vorhanden, ist damit die innere Berechtigung zum Schauen noch nicht erlangt, so schiebt sich gleichsam ein trübender Spiegel zwischen die Realität und das Auge des Sehers: das Reich der halberwachten Schattengeister. Erst wenn Johannes das abgelebte Sein völlig in sich besiegt hat, wird sich dieser Wahn, dieser Nebel vor der Sonne des Geistes, dieser Schattenspiegel auflösen. Das Schattenwesen selbst, der Geist von Johannes' Jugend, kann nicht zurückgelassen werden, er muß verwandelt werden. Dazu aber muß das Träumen ein Erwachen werden, das zu frühe Erwachen muß wiederum ein liebevolles Träumen werden. Das eigene Wesen kann er nur erkennen, wenn er das verzauberte Weben desselben durchschaut, wenn das verzauberte Weben ihm das eigene Wesen offenbart. So werden die Worte der Andren Philia für ihn der wahre Rat, dem er folgen muß.

Das vierte Mysteriendrama fand in der ersten Szene seine Exposition in der Frage, wie die irdischen Gegebenheiten der Fabrik sich mit den geistigen Notwendigkeiten eines übersinnlichen Bewußtseins durchdringen können. Diese selbe Frage tritt in verwandelter Form in der zweiten Szene vor uns hin: Wie in der Künstlerseele des Johannes Thomasius der Teil seines Wesens, der aus der Vergangenheit besteht, der der Maler ist, der im Sinnenscheine Träumende, der mit den elementarischen Werkmeistern der Natur Verbundene und der Teil seines Wesens, der zum

Geiste erwacht ist, der eine große Höhe der inneren Entwicklung schon erreicht hat, sich durchdringen? Im 1. Bilde sehen wir Menschen auftreten, die dieses Problem nach der sozialen und wirtschaftlichen Seite hin lösen wollen. Im 2. Bilde sehen wir das Problem in die Natur und in die Seele verlegt. Leben und Tod durchziehen die erste Szene, die zweite entwickelt sich durch Licht und Schatten. Die Frage der Exposition bewegt sich also von außen nach innen, sie richtet sich in innerer Sehnsucht, in innerem Suchen auf einen Brückenschlag zwischen geistigem Sein und Sinneswelt, zwischen Licht und Schatten, zwischen der Welt, die das Leben einschließt und der Welt, die durch den Tod verhüllt ist.

Das Wirken der elementarischen Wesen. Straders einsames Ringen um die Gemeinsamkeit der Geistgefährten. Das 2. und 3. Bild

Thomasius und Strader, sie vermögen,
Vereint mit dir, in Zukunft viel zu schaffen,
Was Menschenheil im rechten Sinne fördert.
Die Seelenkräfte, welche sie besitzen,
Sie haben seit dem Erdenurbeginn
In solcher Art sich wirksam vorbereitet,
Daß sie im Weltenlauf mit deinem Geiste
Sich kraftvoll jetzt zur Dreiheit schließen können.

Diese Worte hatte Benedictus im 9. Bild des «Hüters der Schwelle» zu Capesius gesprochen. Im 1. Bilde dieses vierten Dramas bereits verliert Strader das Feld der Wirksamkeit. Im 2. Bilde trennen sich Capesius und Thomasius von dem gemeinsamen Werk. Die Möglichkeit, als Dreiheit zusammenzuwirken, erscheint zunächst aufgehoben.

Das vierte Drama setzt also damit ein, aus der Innerlichkeit des Geist-Erlebens in die Wirklichkeit, in die Sinneswelt einzudringen. Das aber bedeutet den Übergang aus dem Bereich Lucifers in denjenigen Ahrimans. Das haben wir im 4. Bilde des ersten Dramas erfahren. Lucifer spricht dort:

Es gab nicht Zeiten,
Da du mich nicht erlebtest.
Ich folgte dir durch Lebensläufe.
Erfüllen durft' ich dich
Mit starker Eigenheit,
Mit Selbstseinsglück.

Und Ahriman offenbart sein Wesen mit den folgenden Worten:

Es gab nicht Zeiten,
Da du mich nicht erschautest.
Mich schauten deine Leibesaugen
In allem Erdenwerden.
Erglänzen durft' ich dir
In stolzer Schönheit,
In Offenbarungsseligkeit.

Was zeigt sich beim Übergang aus der inneren in die äußere Sphäre am Anfang dieses Dramas? Der Bürochef drückt es auf seine Weise aus. Er vertritt, daß alles innere geistige und seelische Leben auch im Inneren bleiben soll. Aus einer solchen inneren Kultur erwächst für ihn die Menschenwürde. Nicht aber soll dieses innere geistige Leben auf das Sein, auf die Realitäten des Lebens übergreifen. Davon soll der Wille sich zurückhalten. Denn da schiebt sich – so sagt der Bürochef – etwas zwischen das Innere und Äußere, das er mit dem Worte Wahn ausdrückt. Wahn, sagt er, wird sich zwischen die Geisterkenntnisse der Schüler des Benedictus und die Wirklichkeit der Fabrik, die er verantwortlich leitet, hereinschieben.

Nun ist etwas sehr merkwürdig in diesem vierten Drama. Rudolf Steiner gebraucht in der dichterischen Ausdrucksweise etwas, was vorher nie in Erscheinung tritt. Es werden nämlich immer wieder Namen der verschiedensten Art gebraucht, über die gar kein weiterer Aufschluß gegeben wird, deren Bedeutung gar nicht ausführlich oder erschöpfend entwickelt wird. Die Wesenheiten, die mit diesen Namen benannt werden, sie werden nicht wie beispielsweise Lucifer und Ahriman in ihrer Vergangenheit geschildert, sie werden in ihrer Bedeutung nicht vorgestellt. Auch der Hüter der Schwelle spricht seine Aufgabe und sein Wesen aus. Hier geschieht das nicht. Aber gerade durch die Unbestimmtheit im Gebrauche dieser Namen von Wesenheiten, die gleichsam im Nebel, im Schatten bleiben, wird man aufmerksam auf sie. Der Bürochef benennt sie: Mächte, Kräfte, Gebilde. Maria spricht von ihnen im 2. Bilde als von: Geisteskräften, der Elemente Wesen, Schatten, Schemen, Dämonen. Und dann erscheinen Wesen, die sich wieder deutlich aussprechen, die Gnomen und Sylphen. Weitere Namen, die gebraucht werden im Laufe des Dramas, sind: Erdengeister, Feuerseelen, halberwachte Schattengeister, Seelenfeinde, Gestalten, Schattenwesen, Schemenwesen, Seelenkräfte, Märchengeister, Luft- und Wassergeister, Zauberwesen, Märchenprinzen, Naturdämonen, gute Geisteswesen, Geister, Elementengeister, böse Wesensarten. Diese Namen tauchen auf und verschwinden wieder. Sie machen uns aufmerksam auf Wesenhaftigkeiten, die aber zugleich Frage in uns bleiben, Unruhe in uns hinterlassen. Und dieses ganze Geisterbereich taucht immer dort auf, wo der Übergang aus der geistigen Welt in die sinnliche gesucht wird, oder aus der sinnlichen in die geistige aufgestiegen wird.

Johannes spricht von dieser eigentümlichen Sphäre auf

ganz andere Weise, ganz aus dem malerischen, aus dem künstlerischen Streben heraus. Im Anschauen der Natur, im 2. Bilde, sagt er:

> Johannes' Seele soll in sich erfühlen
> Die Tiefen und die Weiten dieser Welt.
> Und Schöpfermächte sollen dieser Seele
> Die Kraft entbinden, die den Weltenzauber
> Als kunstverklärten Schein den Herzen kündet.

Indem er sich träumend in die Sinneserscheinung der Natur hineinlebt, also über das rein Sinnliche hinausgeht, spricht er vom Weltenzauber. Er spricht von einer verklärten Scheinwelt, die durch die Kunst entsteht. Träumend dringt man in diese Weltenzauberwelt ein. Auch dieser Weltenzauber ist eine Sphäre zwischen der Geistwelt und der Sinneswelt. Und das Wort *Zauber* zieht sich wie ein musikalisches Motiv durch das ganze vierte Mysteriendrama hindurch.

Was Johannes hier ausspricht, das erinnert stark an die Worte Ahrimans, der von der Sinneswelt so spricht, daß sie in stolzer Schönheit erglänzt, daß sie den Sinnen in Offenbarungsseligkeit entgegentritt. Ja, daß diese Sinneswelt aus dichtem Licht gebildet wurde durch ihn. Als Werkmeister der Sinneswelt werden auch die Gnomen und Sylphen dargestellt. So erscheint das fluktuierende, schattenhafte, flüchtige Element dieser Wesenhaftigkeit, die durch die vielen Namen angerührt wird, immer verbunden mit der Wirksamkeit Ahrimans im Schaffen alles dessen, was als Wahrnehmung vor unsere Augen hintritt.

Wie sprechen denn diese Werkmeister der Natur, die Gnomen und Sylphen, sich aus über das Bilden und Umgestalten der Sinneswelt? Die Gnomen arbeiten im Mineralischen. Das Stoffesstaubgeflimmer, das Mineralische also, das in die Luft aufgelöst ist als Staub, das härten und festigen sie zu Stein. Und was als Stein erstarrt ist, das lösen sie wieder in Staub, in Luftform auf. Diese Tätigkeit vollführen sie mit ihren Leibesgeistern. Sie wirken im Leiblichen, aber als Geister. Die Substanz ihres Wesens ist Verstandesstoff. Verstand, der vom Urbeginn der Erde an die Erde miterbaut hat. – Die Sylphen wirken da, wo Wasser und Luft sich ineinanderweben, wo das Leben sich ausprägt. Sonnenkräfte tragen sie heran, sie verdichten das Licht, aus dem die Pflanze ihre Früchte reift, sie lösen diese Früchtekräfte wieder auf. Sie haben Seelenleiber, die aus Empfindungsstrahlen sich fortwährend aufbauen. Ihr lebenpflegendes und lebenschaffendes Element teilt sich dem Menschenwesen so mit, daß der Mensch ihr Leben in seinem Leben so empfängt, daß er gleichzeitig damit den Sinn des Erdenwerdens genießt. Er denkt nicht den Sinn des Erdenwerdens durch die Sylphen, sondern er genießt diesen Sinn. – Während die Sylphen mit dem Leben des Menschen zusammenzufließen scheinen, trennen sich die Gnomen scharf von ihnen. Sie lachen den Menschen mit seinem unvollkommenen Verstande aus. Sie sprechen davon, daß sie ihm die Welt vor seine dummen Augen zaubern. Zaubern! da erscheint das Wort wieder. Sie zaubern Sinneswelt vor die Augen des Menschen. Und daneben verlachen sie den Verstand des Menschen, der diesen Zauber durchdringen will. Die Sylphen geben dem Menschen den Sinn, die Weisheit des Erdenwerdens mit, aber so, daß er ihn genießt, nicht denkt. Sorgend, pflegend, liebevoll wie eine Amme sprechen die Sylphen zu den Menschen. Auf zweifache Weise zehren die Menschen an dem Werke der Sylphen, als Kinder Leben einsaugend, Wachstum empfangend, als Greise gedankenbildend, irrtumwebend. So genießt der Mensch lebend und denkend auf eine dumpfe Weise das, was die Sylphen im Reiche des Geistes, im Reiche der Ewigkeit sinnen. Sie schenken dem Menschen ihr Sinnen. Und dieses Sinnen ist Leben.

Wie erlebt sich die Seele in diesem elementarischen Wirken und Schaffen, das aus der geistigen Welt heraus die sinnliche aufbaut? Philia, Astrid, Luna sprechen es aus – die Wesen, welche die Verbindung der Seelen mit dem Kosmos herstellen. In wunderbarer Weise webt die dichterische Sprache hier stilistisch zwischen Anschaulichem und Unanschaulichem hin und her, Sinnliches und Übersinnliches ineinanderströmend, ein inneres Kräfteleben zum Ausdruck bringend. Die drei Seelenkräfte und auch die Andre Philia treten zu den elementarischen Wesenheiten in die geistige Schau des Johannes hinein. Sie sprechen über diese Elementarwesen. Aber man erfährt nie genau, von wem sie im einzelnen sprechen. Sie sagen immer nur: «Sie strahlen ...» oder «Sie weben ...» und so weiter. Die Anrede bleibt allgemein, und nur aus dem Zusammenhang der Worte leuchtet auf, ob sie von Gnomen oder Sylphen sprechen oder vom Ineinanderweben beider Arten. Der Schleier des Unbestimmten, Fluktuierenden breitet sich auch hier über diese Wesen hin aus. – Philia spricht von einer Lichttätigkeit, die zugleich ein Moralisches ist, die

Liebe ist und die sich werdend zum wirkenden Sein verdichtet. Ich meine, daß Philia hier von der Tätigkeit der Sylphen spricht, die in aller Unschuld vollbringen, was für den Bürochef ein so großes Problem ist: vom inneren Geist überzugehen auf das äußere Sein. Und was wird für die Seele möglich, die sich diesem Sylphen-Wirken hingibt?

Daß wirkendes Sein
Entzücke die Seelen,
Die liebend sich geben
Dem strahlenden Licht.

Was Johannes Thomasius, der Maler, als Entzücken gegenüber der sinnlichen Naturschönheit empfindet, das empfängt er aus der Tätigkeit der Sylphen; so spricht Philia es aus. Es geht somit der Weg in der Seele zurück, vom Sein in die Innerlichkeit des Entzückens. Astrid – so meine ich – spricht vom Ineinanderwirken der Sylphen und Gnomen. Zuerst spricht sie vom Weben der Sylphen, die bis in das wässrige Element hineinwirken. Dann spricht sie von den Gnomen, die das mineralische Element bald zum Gestein verdichten. Dadurch aber geschieht die dauernde Umwandlung im geistig-sinnlichen Geschehen, im «strebenden Schaffen». Dieses Umgestalten, Neuerschaffen ist nicht länger nur das Entzücken der Seele, sondern es sind die Möglichkeiten, die den schaffenden Geist beglücken.

Daß strebendes Schaffen
Beglücke die Geister,
Die webend sich fühlen
Im schaffenden Leben.

Luna spricht von der Wirksamkeit der Gnome. Was aber empfängt die Menschenseele aus dem Schaffen dieser Wesen?

Daß ragende Formen
Begeistern den Willen
Zu sinnvollem Bauen
Als tätiger Schöpfer.

Das Entzücken der Seele steigert sich zum Beglücken des schaffenden Geistes und zuletzt zur bis in den Willen hinunterreichenden Begeisterung des Schöpfers. Was im 1. Bilde für die Gemeinschaft, im 2. Bilde für die einzelne Seele erstrebt wird, der Übergang vom Übersinnlichen ins Stoffliche, das lehren Philia, Astrid und Luna den Johannes, indem sie die Tätigkeit der Gnomen und Sylphen beschreiben und was für den Menschen daraus ersteht. Das Problem wird hier gleichsam bereits gelöst. Aber Johannes nimmt es nicht auf. In Wirrnis zieht es aus seiner Seele fort. Das einzige, was er behält, sind die letzten Worte der Andren Philia. Was fügt die Andre Philia nun hinzu? Noch rätselvoller sind ihre Worte. Worte, die anklingen an die Sprache der Gnomen wie an die Sprache der Sylphen. Unter anderem sagt sie von diesen Wesen:

Sie träumen das Wahre,
Sie wahren den Wahn;

Was Johannes so gerne möchte, die Wahrheit des Geistes nur träumend in der sinnlichen Natur aufnehmen, das vermögen diese Wesen. Was er aber als Maler anstrebt, die Sinneswelt im «kunstverklärten Schein» zum Ausdrucke der geistigen Wahrheit zu machen, das vollbringen sie ebenfalls. Sie erhalten den Wahn als Ausdruck der Wahrheit. Der Wahn ist für sie nicht – wie für den Bürochef – der Wahrheit entfremdet. Sie halten den Wahn in der Wahrheit des Geistes fest, sie tragen Wahrheit in den Wahn hinein. Und so entsteht das Leben: innen und außen. Wie aber kann die Seele selbst sich, im Sinnlich-Übersinnlichen im Gleichgewicht als Wesen erfassen? Die Andre Philia spricht es aus:

Und wachendes Träumen
Enthüllet den Seelen
Verzaubertes Weben
Des eigenen Wesens.

Diese Worte allein bringen «wahren Rat» in die Seele des Johannes hinein. Sie werden ihm der Schlüssel, die Doppelheit seines Wesens zu erfassen. Wenn der geistige, der höhere Mensch in ihm von der Leiblichkeit umschlossen ist, dann ist sein eigenstes Wesen in der Materie verzaubert. Sein Bewußtsein wird gegenüber dem Geistigen erwacht sein zum Träumen. Was die Andre Philia ihn lehrt, ist die Harmonie beider Sphären. Wieder klingen die Worte aus dem 4. Bilde des ersten Mysteriendramas an uns heran: Wie Lucifer vom eigenen Wesen spricht und Ahriman von der Offenbarungsseligkeit der Sinneswelt. Das verzauberte Weben wird durch Ahriman möglich, eigenes Wesen zu erleben, durch Lucifer. Die Andre Philia, die Pflegerin der Liebe, bringt den Rat zum Gleichgewicht in die Seele des Johannes. Nur diese letzten Worte also nimmt Johannes in sein Bewußtsein auf, alles andere entschwindet ihm wieder.

Man muß die innere Konsequenz im Fortgang des Dramas erleben, um nun in das nächstfolgende Geschehen eindringen zu können. Durch diese letzten Worte der Andren Philia erlebt Johannes in der eigenen Seele das, was gerade vorher durch seine Geistesschau gezogen ist. Im Kampf um die Verwirklichung seines eigenen geistigen Wesens in der Erdenwirklichkeit stößt er in sich selbst auf ein elementarisches oder schattenhaftes Reich: Der Geist seiner Jugend tritt ihm entgegen als ein solches Schattenwesen, ein halblebendiges Wesen, ein lebendiges Bild. Es ist zum ersten Mal in der Entwicklung der vier Dramen, daß dem etwa fünzigjährigen Johannes Thomasius der Geist seiner Jugend in dieser Gestalt begegnet. Dieser Geist lebt in einem schmerzlichen Zwiespalt. Leben in Johannes Thomasius die Wünsche nach seiner Vergangenheit, nach seiner Jugend auf, dann lebt auch dieser Geist auf. Gibt sich Johannes ganz seinem geistigen, seinem höheren Wesen hin, so muß der Geist seiner Jugend den grausen Schatten schlimme Dienste leisten. Wie muß Johannes sein Wesen gestalten, daß er mit sich selbst in Harmonie lebt und daß der Geist seiner Jugend erlöst wird?

Mit dem Geist seiner Jugend erscheinen Johannes die Gestalten Lucifers und Theodoras als seine eigene Gedankenform. Schon einmal haben wir Lucifer und Theodora zusammen erscheinen sehen in einem elementarischen Geschehen in der Seele des Johannes. Im 3. Bilde des dritten Mysteriendramas, in Lucifers Reich spricht Lucifer, indem er Theodora durch Zwang herbeiruft:

So wirket Zwangsgewalten,
Erfühlet Elementengeister,
Die Kräfte eures Meisters,
Und ebnet den Weg,
Daß aus dem Erdgebiet
Sich wenden kann
In Lucifers Bereich,
Was mein Wunsch ersehnt,
Was meinem Willen folgt.

Damals war Theodora das Opfer dieser Zwangsgewalten. Jetzt tritt sie in der Schau des Johannes Lucifer kämpfend gegenüber. Sie, die Geopferte, bringt einen Opferdienst dar, durch den die Erlösung in der Seele des Johannes, im Leben seines Geistes der Jugend eintreten kann. Theodora handelt aus den Christus-Liebekräften, die Maria im 10. Bilde des dritten Dramas, dem Rosenkreuzertempel, Lucifer entgegenstellte.

Das 3. Bild in derselben Landschaft – alles spielt sich in

der elementarischen Zauberwelt ab – beginnt mit dem Auftritt der abgetretenen Rosenkreuzer, Hilarius, Romanus, Torquatus und Bellicosus. Sie befinden sich in einer heftigen Diskussion darüber, ob der Plan des Hilarius Gottgetreu, den wir im ersten Bilde erfahren haben, durch Benedictus und seine Schüler in dem Werke durchgeführt werden kann und soll oder nicht. Bellicosus tritt mit aller Heftigkeit für die Durchführung des Planes ein. Er hält in seiner Vorstellung das Ereignis im Rosenkreuzertempel des dritten Dramas fest. Wie die Verhältnisse sich dort gestaltet haben, so sollen sie durchgeführt werden. Er ärgert sich heftig über den Bürochef und seinen Widerstand und nennt ihn einen starren Kopf. Romanus vertritt, daß Benedictus und seine Schüler sich noch im Tempelinneren halten sollen, weil sie noch nicht reif sind für die Wirksamkeit im äußeren Leben. Er hält allein Strader für fähig, die gestellte Aufgabe zu erfüllen. Er bietet Hilarius alles, was er besitzt und kann, zur Hilfe an, vorausgesetzt, daß Strader sich von den übrigen Geistesschülern des Benedictus trennt. Torquatus wiederum sieht in der Abkehr des Capesius das Schicksalszeichen, daß der Plan nicht durchgeführt werden soll. Und nun kommt eine negative, anklagende Nuance in das Gespräch hinein. Er vertritt, daß Benedictus habe wissen müssen, ob seine Schüler dafür reif sind oder nicht. Sein Fehlurteil wirft auf seine eigenen Fähigkeiten trübe Schatten, sagt Torquatus. Ganz negativ aber beurteilt er Strader. Man erinnere sich an die Abfuhr, die Strader im 1. Bilde des ersten Dramas Torquatus gab, der damals Theodosius hieß. Straders Forschergeist und Theodosius' dogmatisches Beharren darauf, daß nur das Gefühl sich dem Geiste nähern könne, trafen hart aufeinander. Jetzt beruft sich Torquatus auf das Urteil des Bürochefs, der die Fähigkeiten des Wissenschaftlers und Technikers Strader in Frage stellt. Er selbst aber spricht Strader jede mystische Fähigkeit ab. Er nennt das Geistesschaffen Straders ein mystisch dunkles Traumgespinst. Was der Bürochef Wahn genannt hat, das nennt Torquatus Traumgespinst. Beide erleben an Strader, von außen und von innen, etwas Gespenstisches. Diesen Gedanken greift Romanus auf: Auch er erlebt, wie wir später erfahren werden, in Strader elementarische Kräfte. Aber als Mystiker weiß er, daß es solche elementarischen Seelenfeinde gibt, die verderblich werden können, wenn sie Gelegenheit bekommen, im Sinnensein wirksam zu werden. Weil aber Strader noch nicht weit genug auf seinem Geistesweg fortgeschritten ist, daß dieses eintreten kann, so befürwortet er gerade die Wirksamkeit Straders. Hilarius macht alle diese Vorschläge und Einwände zunichte, indem er ganz einfach sagt, daß Strader sich niemals von seinen Geistesfreunden trennen werde. Er, in seiner großen, milden Seele fühlt, daß diese Geistesfreunde Strader so nahe stehen wie er sich selbst. Eine Trauer und Resignation zieht durch die Worte des Hilarius. Das ganze Gespräch hat etwas Zänkisches, Fruchtloses in seinem Diskutieren. Dieser Eindruck erhöht sich, indem Rudolf Steiner Ahriman während der Rede des Torquatus über Strader im Hintergrunde durch die Landschaft schleichen läßt. Der Geist, der von sich sagt, daß er die Sinneswelt gebildet hat, er schleicht bei diesen zerstörenden, abschätzenden Worten durch diese Sinneswelt hindurch. Sein Zauber wirkt in die Seelen der Menschen hinein.

In diese Atmosphäre treten Capesius, Strader, Felix Balde und Frau Balde hinein. Auch sie befinden sich in heftiger Auseinandersetzung über das Grundthema des vierten Dramas: die Vermählung von Geisteszielen und von Sinnestaten, wie Hilarius es positiv hinstellt. Oder negativ durch den Bürochef: die Trennung von innerem Geist und äußerem Sein.

In eigentümlicher Metamorphose finden wir den Standpunkt des Bürochefs, aber jetzt von der inneren, von der mystischen Seite aus eingenommen, bei Felix Balde und bei Capesius. Bei Felix Balde ist es mehr ein Grundprinzip seines mystischen Charakters, bei Capesius ergibt sich dieser Standpunkt aus der gegenwärtigen Stufe seiner inneren Entwicklung. Felix Balde charakterisiert die wahre Mystenstimmung mit den Worten:

> Erstreben *nichts,* – – nur friedsam ruhig sein,
> Der Seele Innenwesen ganz Erwartung – –:
> Das ist die Mystenstimmung. – Wer sie *weckt,*
> Der führt sein Innres hin zum Lichtesreich.
> Das äußre Werk verträgt nicht solche Stimmung.
> Wenn ihr durch Mystik *dieses* suchen wollt,
> Ertötet ihr mit Mystenwahn das Leben.

Das sind ja die Worte des Bürochefs, daß der Wahn dem Sein gefährlich wird, wenn der Geist aus seinem Inneren hervortritt. Felix Balde verlangt, daß ein Zwiespalt zwischen dem Inneren und dem Äußeren gewahrt bleibe. Wie geht ein solcher Mystiker zur Tat über? Er sagt es mit den Worten:

Die Welt, in die ihr *tätig* euch begebt,
In die könnt ihr des Schauens zartes Sein
Nicht tragen, ohne daß es euch zerschmilzt,
Wenn sie an ihrer Grenze euch empfängt.
In Frömmigkeit, verehrend geistig Walten,
Die Geistesschau im Herzen ruhen lassend: – –
So nahen Mysten sich der Welt der *Tat*.

Capesius aber fügt eine Erfahrung hinzu, die sich am Ende des 2. Bildes durch die Andre Philia Johannes Thomasius mitgeteilt hat, daß für ein unausgereiftes Schauen sich eine Schattenwelt, daß sich der Irrtum zwischen den Schauenden und die geistige Wirklichkeit dazwischenschiebt. Ein verfrühter Wunsch nach äußerer Tat bewirkt dies, sagt Capesius.

Den entgegengesetzten Standpunkt, den wir zunächst von Hilarius erfahren, schildert Strader als den Charakter seiner Geistindividualität:

Und *mir* ersteht die Geistesschau doch nur,
Wenn sich die Seele Tatgedanken widmen
Und lebend sich im Hoffen finden darf,
Daß sie dem Geiste Stätten bauen kann,
In welchen er das Licht entzünden will,
Das wärmend durch die Geisteswelten strahlt
Und durch der Menschen Sinnenwirksamkeit
Im Erdensein die neue Heimat sucht. –

Aus dem Tatensturm ersteht für Strader erst die Geistesschau. Er bewegt sich von unten nach oben oder von außen nach innen. Capesius und Felix Balde kommen aus dem Inneren und suchen das Äußere, das sie vorläufig noch nicht finden. Wie weit aber durchdringen sich in Strader sein Schaffen und sein Schauen? Das ist die Frage, die er in die Geisteswelten hinausruft!

Da erscheinen ihm «als seine Gedankenformen zwar, doch im wirklichen Geistverkehr; zuerst Benedictus mit Ahriman, dann Maria». Was ist der Inhalt von Straders Geistesschau? Der Abgrund. Der Abgrund, der die Geisteswelt und die Sinneswelt voneinander trennt. Das erlebt Strader in den Worten des Capesius und des Felix Balde, wenn er sagt:

Erleb' ich nicht, wie eure Worte nur
Das Kleid von Kräften sind, – – von Seelenkräften,
Die mich von euch verbannen in die Welten,
Die eurer Geistesart recht ferne liegen?

Capesius und Felix Balde verharren im Inneren der Seele,

Strader sucht im Schaffen innerhalb der Sinneswelt die Geistesschau. So trennt sie der Abgrund voneinander. In diesem Trennen fühlt Strader Kräfte, Seelenkräfte. Wir sind an dem Orte angelangt, wo diese vielfältig benannten Wesenheiten sich aufhalten und wirken. Wir betreten aber in Straders Geistesschau damit den Ort, wo der Kampf des vierten Mysteriendramas ausgefochten wird. Warum wird dies gerade durch Straders Seelenleben offenbar? Benedictus spricht aus dem Geiste zu ihm an diesem Abgrund:

In weisheitvollen weiten Geisteswelten
Erahnst du Hilfe jener Fragepein,
Die deines Seelenlebens Urgeheimnis
Auf deinem Erdendenken lasten läßt.

Schon einmal war vom Geheimnis der Strader-Seele die Rede im Sonnentempel des zweiten Dramas, im 13. Bild. Dort sagt Theodosius von der Seele Straders:

Es konnte diese Seele sich bisher
Im Geisteslichte noch nicht wiederfinden,
Das durch die Sinnesoffenbarung strahlet
Und alles Erdenwerdens Sinn enthüllt.

Die Formulierung ist so, daß das Geisteslicht in seiner Beziehung zur Sinnesoffenbarung geschildert wird und damit ganz aus der Eigentümlichkeit von Straders Wesen gesprochen wird. Theodosius fährt fort:

Sie sah den Gottesgeist naturentblößt
Und gottentfremdet, was natürlich ist.
So mußte sie durch viele Erdenleben
Sich fremd dem Sinn des Daseins gegenüberstellen
Und konnte stets nur solche Leibeshüllen
Zum Werkzeug ihres Eigenwesens finden,
Die sie von Welt und Menschenwesen trennten.
Sie wird im Tempel sich die Kraft erwerben
Das fremde Sein als eignes zu empfinden,
Und so sich auch die Macht gewinnen können,
Die aus Gedankenlabyrinthen führt
Und nach den Lebensquellen Wege weist.

Strader ist eine Seele, die durch viele Leben den Trennungsschmerz des Abgrunds in sich und um sich erfahren und erübt hat. – Benedictus weist auf den Zwiespalt in Strader hin, indem sein Verstand gegenüber den Geistrealitäten in seinem eigenen Seelensein nur ein Traum ist. Sein Verstehen ist bisher nur ein Träumen, noch kein Erkennen der geistigen Welt. Dieses intellektuelle Träumen muß eintauchen in die Geistrealität, das heißt, das Träumen muß zum wahrhaft geistigen Leben erwachen. Zugleich aber muß Strader von der anderen Seite her sein Sinnesbewußtsein, sein Verstandesdenken zum Traumessein wandeln, das heißt näher an das Schaffen herantragen, willensmäßig sich der Geistrealität vereinen. So sagt Benedictus:

Gib deinem Traume Leben, das ich dir
Zu reichen aus dem Geist verbunden bin;
Zum Traumessein doch wandle, was du dir
Durch Denken aus den Sinnen ziehen kannst.

Es ist eine Abwandlung des Wortes der Andren Philia an Johannes von dem wachenden Träumen. Benedictus gibt ihm also den weisen Rat oder das Ideal, wie Strader seinen Zwiespalt oder seinen Abgrund überbrücken kann. – Nun spricht Ahriman, gleichsam mit der Stimme des Bürochefs, indem er Strader antreibt, in den Abgrund zu schauen, aber ihm keine Hoffnung gibt, die innere Brücke im Bewußtsein aufzubauen.

Nun schaut Strader in den Abgrund. Was sieht er?

Ich will es tun. Doch wie? –
Gestalten wirr? Sie wandeln sich, – sie zerren, –
Die eine an der andern zerrt, – ein Kampf – –,
Es stürzen wild die Schemen aufeinander –,
Zerstörung waltet, Finsternis erzeugend; –
Aus Finsternis jetzt andre Schattenwesen.
Um sie die Ätherhelle, – rötlich webend;
Ganz deutlich löst sich eine der Gestalten;
Sie kommt zu mir, – der Abgrund schickt sie mir.

Eine doppelte Szenerie der Schemenwesen wird gegeben. Das eine Mal herrscht Kampf, Zerstörung, Finsternis, Gefahr. Dann hellt die Finsternis sich rötlich, von Ätherhelle umgeben auf und eine der Gestalten löst sich los, die sich als Maria offenbart. Maria spricht zu Strader:

Du schaust Dämonen; – bilde deine Kraft,
So sind sie's nicht, – vor dir erscheinen sie,
Was sie nicht sind. Wenn du sie halten kannst,
Bis sie vor deinem Seelensein zum Leuchten
Ihr Schemenwesen bringen, sind sie dir,
Was sie im Weltenwerden gelten können.

Maria weist auf die Wandelbarkeit, auf das Fluktuierende dieser dämonischen, schemenhaften Welt hin. Sie verwandeln sich gemäß dem Seelenblicke des Schauenden. Wieder dieselbe Tatsache, die wir an Johannes und an Capesius schon erfahren haben. Wie schildert Maria nun die Unreife in Straders Seele, die sich verwirrend in seine Geistesschau hineinschiebt? Den Zwiespalt seines Wesens, das Urgeheimnis seiner Seele kennen wir. Wie kann er sich rüsten, seinen Abgrund in sich zu überwinden? Maria spricht es aus mit den Worten:

Doch dir erlischt das Schauen, ehe sie
Die Kraft zu scheinen erst entfaltet haben.
Bestrahle sie mit deinem eignen Licht.
Wo ist dein Licht? – Du strahlest Finsternis. –
Erkenne deine Finsternis – um dich –,
Du schaffst ins Licht die wirre Finsternis.
Du fühlest sie, wenn du sie schaffst durch dich;
Doch fühlest du dein Schaffen niemals dann.
Vergessen willst du deine Schaffensgier.
Unwissend waltet sie in deinem Wesen,
Weil du zu feige bist, dein Licht zu strahlen.
Genießen willst du dieses Eigenlicht.
Du willst dich selber nur in ihm genießen.
Du suchest dich – und suchest im Vergessen.
Du läßt dich träumend selbst in dir versinken.

Harte, strafende, geißelnde Worte braucht Maria, oder besser gesagt, Strader selbst, indem er Maria in seinen Gedankenformen so erlebt. Er erlebt in diesen Worten seine Katharsis am Abgrund seines Wesens. – Wieder spricht Ahriman höhnend, spottend, die Worte des Bürochefs weiter ausarbeitend. – Benedictus weist nun sein Schauen auf die Schatten, die Felix Balde und Capesius umgeben. Höhnend fährt Ahriman fort:

Er täte besser, wenn er deine Schatten
Dir zeigen wollte, – doch vermag er's kaum; –
An gutem Willen fehlt's ihm wahrlich nicht.
Nur merkt er nicht, wo er sie suchen soll.
Sie stehen hinter dir, bedenklich nah, –
Doch deckst du sie zunächst ihm selber zu.

Jetzt erkennt Strader die Worte des Bürochefs wieder in den Worten Ahrimans! Sein Bewußtsein urteilt. Er erkennt, was er einen Geisteswissens-Irrtum genannt hat, in einer neuen Bedeutung. Er erkennt, daß er sich zur Überwindung des Irrtums selber rüsten muß. So spricht Maria zu ihm:

Es härtet Vater Felix sich die Waffen,
Die ihm Gefahren tilgen; – andre braucht,
Wer deiner Seele Wege wandeln muß.
Und was Capesius als Schwert sich formt,
Den Kampf mit Seelenfeinden mutig führend,

Für Strader wandelt' sich's zum Schattenschwert,
Wollt' er mit ihm den Geisteskrieg beginnen,
Den Schicksalsmacht den Seelen vorbestimmt,
Die tatenreifes Geisteswesen kraftvoll
In Erdenwirken umzuschaffen haben.
Du kannst für dich nicht ihre Waffen nutzen;
Doch kennen mußt du sie, daß du die deinen
Dir sinnvoll aus dem Seelenstoffe schmiedest.

Um tatenreifes Geisteswesen kraftvoll in Erdenwirken umzuschaffen, bedarf es eines Schwertes. Nur gewaffnet und gerüstet kann der Abgrund durchschritten werden. Wie wird Strader sich dieses Schwert schmieden können?

Die Geistesschau verschwindet. Strader erwacht wieder zum Tagesbewußtsein. Felix Balde und Capesius machen noch einmal ihre Standpunkte geltend. Da greift Frau Felicia zum ersten Mal ein. Unbekümmert, unschuldig und unberührt von den eben durchlebten Erfahrungen des Abgrunds überspringt sie diesen mit heiterer Seele. Sie begeistert sich an Straders Plan, den Geist im Stoffe zu versinnlichen, indem sie ihre Märchenprinzen und ihre Feuerseelen als Puppenspiele in Kinderstuben wandern sieht. Die plötzliche Wendung des dramatischen Fortgangs ist in ihrer Heiterkeit nicht unähnlich der Sprache der Gnomen und Sylphen. Wie ein Schwarm geflügelter, heiterer Genien fliegen die Worte der Frau Felicia in die Dunkelheit der Szene und hellen sie auf.

Das verzauberte Weben des eigenen Wesens als Schicksalsoffenbarung und Schicksalsbildung. Das 4. Bild

Durch die ersten drei Bilder haben sich der Handlung immer mehr verwoben jene geheimnisvollen Wesen, die durch immer wechselnde Namen deutlich und zugleich undeutlich geworden sind. Im Gespräch des 1. Bildes zwischen dem Bürochef und Hilarius tauchten sie als Mächte oder Kräfte oder Gebilde auf, die zwischen Wahrheit und Wirklichkeit den Wahn hineinschieben. Im 2. Bilde, im ersten Landschaftsbilde, offenbarten sie sich unmittelbar als Gnomen und Sylphen. Dann tritt das Schattenwesen des Geistes von Johannes' Jugend auf. Im zweiten Landschaftsbilde, dem 3. Bilde, schwirren diese Wesenheiten wieder durch die Worte der vier abgetretenen Rosenkreuzer. Und zwar da, wo sie über Strader sprechen. Es wirkt wie eine wachsende Verzauberung. Dieser Eindruck steigert sich, als Ahriman durch die Landschaft schleicht. Dann offenbaren sich diese Wesenheiten in Straders Geistesschau am Abgrund. Doch bleibt ihre Bedeutung verborgen. Dann wieder sehen wir solche Wesen in heiterer Maske aus den Worten der Frau Felicia hervortreten. Hinzu tritt der Aspekt, sie in Puppenspielen für Kinder zu verkörpern. Sie werden gleichsam durch diesen Aspekt greifbarer. Und verbergen sich doch auch wieder.

Dasselbe fluktuierende Element im Wechsel von sinnlichen zu übersinnlichen Szenen zeigt auch die Szenerie im Wechsel ihrer Beleuchtungen und Gestalten. In den Szenen des Tagesbewußtseins tritt die Landschaft in ihren Konturen deutlich hervor. Dann entschwinden diese Konturen, es entschwindet das Tageslicht, wenn die geistige Schau in das Bewußtsein der handelnden Personen eintritt. Die elementarischen Wesen, der Geist von Johannes' Jugend oder Ahriman verweben sich unmittelbar mit den Sinnesformen der Natur. Die Landschaft als Bühnenbild ist in diesem Falle die Imagination des Antlitzes der Erde, wie es aus den bildenden Händen der Götter hervorgetreten ist, wie die Werkmeister der Natur, die Naturgeister es gebildet, wie Ahriman es aus dem geistigen Licht heraus zu dichtem Lichte verhärtet hat. Und hier zeigt diese Landschaft eben dieses Fluktuierende, vielfältig Lebendige, vom Sinnlichen ins Übersinnliche sich immer neu Umwandelnde.

Als erste Personen treten im 4. Bilde Romanus und der Bürochef auf. Romanus begründet, warum er für Straders Leitung der Fabrik eintritt. Der Bürochef begründet hingegen, warum er sich dagegenstellt. Er schildert in klaren Worten, was ihm an Strader unsympathisch ist, ja, was ihm Furcht einflößt, und warum er sich eben einer Zusammenarbeit mit Strader nicht gewachsen fühlt.

Mir scheint durch seine Geistesart bewiesen,
Daß ihn Naturdämonen stets verblenden,
Wenn er mit starkem Wunsch – zu seinen Taten
Den Weg im äußren Lebenswerke sucht. – –
Der kluge Myste weiß, daß er im Innern
Sich erst die Kräfte tüchtig machen muß,
Um diesen Feinden Widerstand zu bieten;
Doch Strader scheint der Blick für solche Feinde
Auf seinem Geistesweg noch nicht gereift.

Das erste sagt er aus seinem unmittelbaren Erleben, das zweite hat er sich angelesen. – Romanus hält dem entgegen, was er aus seinem mystischen Wissen weiß:

Doch haben ihn die guten Geisteswesen
Noch nicht verlassen, welche Menschen führen,
Die noch ganz außerhalb des Geistes stehen.
...
Ich kann in Straders Art ganz deutlich fühlen,
Wie seinem Selbst Naturdämonen noch
Die Früchte ihrer *guten* Kräfte schenken.

Der Bürochef bemerkt, daß Naturdämonen wirksam sind, die auf ihn böse wirken. Romanus hält dem entgegen, daß diese Naturdämonen darum noch Gutes wirken, weil Strader sich derselben noch nicht bewußt ist. Der Bürochef schildert weiter, wie er Strader erlebt:

Ich fühl' es wohl, wenn er auch irrend spricht,
Wie Elementengeister lebend regsam
Bei ihm durch Wort und Wesen sich ergießen
Und sinnlich Unfaßbares offenbaren.

Humorvoll erwähnt der Bürochef noch, daß Romanus sich ja wohl nicht eine Fabrikleitung denken könne, zu der er, der Bürochef, diese Wesen dann zu fragen habe, was im einzelnen Falle zu tun sei. – Romanus setzt auseinander, daß der Persönlichkeitseindruck von Strader ihm folgende Gedanken eingegeben habe: Er denke nämlich, daß Strader eine sehr bedeutende Persönlichkeit in einem früheren

Leben gewesen sei, der alles Mögliche schon entwickelt habe, was erst in der Gegenwart Allgemeingut geworden ist. Und so – theoretisiert Romanus – sei vielleicht er selbst in seiner Jugend durch Gedanken ausgebildet worden, die Strader in einem früheren Leben entwickelt habe. Damit tritt zu dem elementarisch gespenstigen Eindruck, den der Bürochef hat, ein neues Gespenst hinzu: die Hypothese eines so und so gearteten früheren Lebens von Strader. Auf die Frage des Bürochefs, ob das denn erlaubt sei, eine solche Theorie zu bilden, bemerkt Romanus: Für ihn sei es völlig klar, aufgrund der Eindrücke, die er von Strader habe, ein solches Urteil bilden zu dürfen. Bei diesen Worten muß man sich der allerersten Rede des Romanus im 1. Bilde des ersten Dramas erinnern: «Ich finde nicht die Brücke, die von Ideen zu Taten wahrhaft führen könnte.» Diese Brücke findet er auch jetzt keineswegs. Das Gespräch der beiden erscheint wie eine Wanderung, die immer tiefer in den Zauberwald hineinführt und das Rätsel desselben immer dichter werden läßt.

Immer wieder ist in diesen Vorträgen der Versuch gemacht worden, nichts zu erklären, sondern die Zusammenhänge der dramatischen Ereignisse sich so vor das Bewußtsein zu stellen, daß die Dichtung selbst sich ausspricht. Die Schwierigkeit dieser Dichtung ist es, daß sie Erlebnisse behandelt, die wir, die Spieler und Zuschauer, noch gar nicht aus eigener Erfahrung haben. Der Versuch geschieht eben hier, in die Erlebnisse, die der Dichtung zugrunde liegen, einzudringen. Aus diesem Grunde möchte ich, bevor ich den nächsten Auftritt zu schildern versuche, einen Überblick der Ereignisse dieser drei Bilder in der Landschaft geben. Diese drei Bilder der Landschaft sind alle in sich selbst dreigegliedert. Diese Komposition tritt deutlich hervor. Um die Zusammenschau zu erleichtern, sei zunächst ein schematischer Überblick der dreimal drei szenischen Bilder gegeben.

2. Bild, Gebirgslandschaft:

I. Johannes' Wunscheswahn und die Selbsterkenntnis des Capesius daran. Maria. Lucifer.

II. Johannes' Geistesschau der elementarischen Wesen und der Seelenkräfte. Verzaubertes Weben des eigenen Wesens.

III. Johannes' Geist seiner Jugend zwischen Lucifer und Theodora. Die Andre Philia.

3. Bild, Gebirgslandschaft:

I. Straders Individualität und die in ihm wirkenden Wesen im Gespräch der Rosenkreuzer. Ahriman.

II. Die Mystik des Capesius und des Felix Balde. Straders Geistesschau im Tatensturm. Die Schattenwesen in Straders Abgrund. Benedictus. Maria. Ahriman.

III. Straders Plan der Verkörperung der Zauberwesen im Puppenspiel in den Worten der Felicia Balde.

4. Bild, Gebirgslandschaft:

I. Straders Wirkung auf den Bürochef und auf Romanus durch die in ihm erlebbaren Naturdämonen.

II. Johannes' Erkenntnis seiner Wahngebilde durch den Doppelgänger, den Geist der Jugend, den Hüter, Ahriman, Maria und Benedictus.

III. Strader und die in ihm wirksamen Wesenheiten in der Schau des Benedictus. Der Seherblick des Benedictus und das Denken der Maria in der Seele des Johannes. Eisgefilde und Flammen.

Aus der Komposition zeigt sich deutlich, daß das erste Landschaftsbild von den Erlebnissen des Johannes Thomasius erfüllt ist; das zweite von Straders Erlebnissen; im dritten durchdringen sich die Wege von Strader und Johannes. Bei Capesius zeigt sich, daß er sich aus dem Zusammenhange mit den anderen Geistsuchern löst, in sich selbst und sein geistiges Streben zurücktritt, sich der Einsamkeit überläßt.

Nach dem Gespräch des Bürochefs mit Romanus tritt Johannes alleine in die Landschaft. Das im 2. Bild Erlebte überdenkend, spricht er aus, daß er seine geistigen Erlebnisse gegenüber Capesius nicht im Bewußtsein bewahrt hat. Und seine Frage lautet:

Wie kann ich nur mein Wissen mir behüten?

Nun erklingen aus der Ferne die Worte, die wir schon kennen:

Verzaubertes Weben
Des eigenen Wesens.

Aber es ist nicht die Andre Philia, die diese Worte zuerst gesprochen hat, sondern es ist der Doppelgänger. Johannes aber glaubt, die Andre Philia vor sich zu haben. Wie können wir uns in diesen Wechsel, in dieses Ereignis hineinleben? Lassen wir das Wesen beider Gestalten zu uns sprechen, so wie es sich aus der bisherigen Schilderung uns geoffenbart hat.

Die Andre Philia erscheint zum ersten Mal im 1. Bilde des zweiten Mysteriendramas dem Capesius. Dann erscheint sie Johannes im 3. Bilde dieses Dramas. Im dritten Mysteriendrama erscheint sie im 6., 7. und 10. Bild. Bis zu diesem Bild tritt sie als die die Verbindung mit dem Kosmos hemmende Geistwesenheit auf. Erst im vierten Mysteriendrama wird sie zu einer dominierenden Gestalt in der Handlung. Sie tritt auf im 2., 5., 6., 8. und 10. Bilde. Jetzt ist sie die Trägerin des Elementes der Liebe in der Welt, welcher die geistige Persönlichkeit angehört. Die Umwandlung der einen in die andere Tätigkeit scheint sich am Ende des 10. Bildes des «Hüters der Schwelle» abzuzeichnen. Dort spricht sie Worte, die eine Metamorphose der Geistesstimme aus dem 3. Bilde des ersten Dramas sind. Auf wunderbare Weise wird dort ausgesprochen, wie die geistige Kraft sich in der Seele entzündet. Als hemmende Wesenheit tritt sie Philia, Astrid und Luna so entgegen, daß sie alles, was diese in der Seele in den Kosmos hineinführen, gleichsam in die Seelen zurückstaut. Was sich an Geistigkeit bilden will, das drängt sie zurück in die innere Wärme der Seele. Durch die anderen drei Seelenkräfte vergeistigt sich die Persönlichkeit; durch die hemmende Kraft der Andern Philia verinnerlicht sie sich und bildet in der Seele das Element der Liebe aus. Die wachsende Weisheit verdichtet sich zu Liebe. – Die Andre Philia tritt aus dem kosmischen, dem geistigen Gebiete an die Seele des Johannes Thomasius heran, wenn sie zu ihm die Worte spricht von dem verzauberten Weben seines eigenen Wesens.

Was aber geschieht, wenn der Doppelgänger mit diesen Worten der Seele des Johannes gegenübertritt? Der Doppelgänger erscheint in den vier Dramen viel seltener als die Andre Philia. Als Gestalt tritt er zum ersten Mal im 5. Bild des zweiten Mysteriendramas Johannes entgegen, als Erlebnis aber schon im 2. Bild des ersten Dramas. Im dritten Drama erscheint er im 3. und 8. Bilde, im Reiche Lucifers und im Reiche Ahrimans, im vierten Drama nur in dieser Szene, dem 4. Bilde. Zunächst spiegelt der Doppelgänger Johannes nur das Zerrbild seiner eigenen niederen Wesenheit zurück. Dann aber fügt er hinzu, eben im 5. Bild des zweiten Dramas:

> Ich weiche nicht von dir,
> Bis du die Kraft gefunden,
> Die mich zum Gleichnis macht
> Des Wesens, das du werden sollst.

Der Doppelgänger, das ätherische Ebenbild des Johannes, zeigt ihm, wie sich sein niederes Selbst, sein Alltagsmensch, sein aus der Vergangenheit gebildetes Wesen verhält zu seinem höheren Selbst, zu den Zielen und Möglichkeiten seines geistigen Menschen. Darum erscheint er einmal wie ein Zerrbild, auch wie ein Richter, dann wieder wie ein Lehrer, wie ein Leiter und Führer des Johannes, auch wie ein liebevoll Pflegender. Der Doppelgänger baut gleichsam aus dem vergangenen Menschen den zukünftigen auf. Zugleich zeigt er sich als Gespenst, als schattenhaftes Spiegelbild, das zunächst mächtiger wirkt als Johannes selbst. Wenn also Johannes fragt:

> Wie kann ich nur mein Wissen mir behüten?

dann ist das eine Frage an den Doppelgänger, der ihm dauernd den Zusammenhang von Vergangenheit, Gegenwart und Zukunft gibt. Diese Frage fordert also den Doppelgänger heraus. Die Worte, die zunächst die Andre Philia gesprochen hat, rücken damit aber auch näher an das Wesen des Johannes heran. Das Erlebnis des Bühnengeschehens zeigt es. Denn ein zweiter Johannes spricht die Worte jetzt. Zugleich wird alles schattenhafter, dunkler. Zunächst wiederholt der Doppelgänger ja nur die Worte der Andren Philia auch in der zweiten Replik. Nun spricht der Doppelgänger die Worte:

> Johannes, laß im Schattenreiche leben,
> Was dir in deinem Selbst verloren ist.

Das kennen wir schon aus den Worten der Theodora aus dem 2. Bilde. Sie wollte den Geist von Johannes' Jugend, das Schattenwesen, den Geistern der Elemente vereinigen. Dort sollte er leben dürfen. Nun spricht der Doppelgänger weiter:

> Doch gib ihm Licht von deinem Geisteslicht,
> So wird es Schmerzen nicht erleiden müssen.

Nicht mit seinen Wünschen soll Johannes sich nach der Vergangenheit zurückwenden und damit wieder in die Gegenwart hervorzerren wollen, was längst vergangen, was längst seinem Selbst verloren ist, sondern er soll es durchdringen mit dem neu erworbenen Geisteslicht seines höheren Menschen. Dann nur kann er das Vergangene in sich erlösen, das heißt für die Zukunft fruchtbar machen. Diesen Worten folgt Johannes, und der Doppelgänger öffnet ihm das Seelenauge für den Anblick des Geistes seiner Jugend. Der Geist seiner Jugend strebt, sich dem Wesen des Johannes ganz zu vereinen. Er will ganz eins werden mit dem

Ebenbilde des Johannes. Und damit erkennt Johannes seinen Irrtum, er erkennt als den Sprecher jener Worte den Doppelgänger. – Während die Andre Philia wie aus dem Licht der Geisteswelt der aufstrebenden Seele des Johannes entgegentritt und sie in sich selbst zurückdrängt, so hält der Doppelgänger, wenn Johannes aus seinem Erdenmenschen in die geistige Welt entfliehen will, ihn in seinem bis jetzt gewordenen, der Vergangenheit verpflichteten Wesen fest. Er zieht ihn in die Dunkelheit seiner Sterblichkeit zurück.

Alles Vergangene muß für die Zukunft fruchtbar gemacht werden. Die Vergangenheit darf nicht Ödland in der Seele sein. Die Vergangenheit soll aber auch nicht einer idyllischen Insel gleichen, auf die die Seele aus der Gegenwart zu entfliehen wünscht. Um dieses Gleichgewicht, diese Harmonien zu erringen, führt der Doppelgänger nun Johannes vor den Hüter, den er seinen Herrscher nennt. Der Hüter klärt Johannes darüber auf, wie der Wunscheswahn von innen die Seelenwelten außen verzaubert. Luciferisches innen ruft außen Ahrimanisches herbei. Der Hüter spricht:

> Johannes, wenn du diesen Geistesschatten
> Entreißen willst den Seelenzauberwelten,
> So töte Wünsche, welche dich verführen.
> ...
> Ich halt' in deinem Blick dich selber fest,
> So lange du dich mir mit Wünschen nahst.
> Auch mich erblickst du nur als Wahngebilde,
> Wenn Wunscheswahn dem Schauen sich
> verbündet
> Und Geistesfriedsamkeit als Seelenleib
> Sich deines Wesens nicht bemächtigt hat.

Der geistige, höhere Mensch, ruhend in der aus der Vergangenheit gebildeten Seele, wird ausgesprochen mit den Worten: Geistesfriedsamkeit als Seelenleib.

Die Welt in und um Johannes wird immer gespenstischer. Der Zauberwald des Wahnes wird immer dichter um den, der nach Erkenntnis suchend fortschreitet. An seiner dunkelsten Stelle gleichsam wirft Ahriman ihm seine höhnischen Worte entgegen. Er karikiert dieses Wahngebilde und festigt es dadurch wie zu einem lächerlichen und zugleich furchterregenden Gespenst. Er verhöhnt die Gestalt des Hüters. Hier tritt der Doppelgänger als der Leitende, Erkraftende des Johannes auf. Und nun kommt eine merkwürdige Ausdrucksweise. Der Doppelgänger spricht davon, daß Johannes die «Stelle» finden muß in sich, die wachend ist, die schauen darf, wonach kein Wunsch Johannes brennt. Die ganze Seele ist so von Wunsch verbrannt, daß gleichsam nur eine einzige Stelle noch heil ist, die zum Schauen der Wahrheit taugt. Als Hütergestalten in seiner Seele treten Maria und Benedictus hinzu, auch als Wahngebilde ihm erscheinend. Johannes dringt weiter in der Selbsterkenntnissuche nach dem verzauberten Weben seines eigenen Wesens. Er geht ab.

Der dritte Teil dieses 4. Bildes beginnt, indem Strader mit Maria und Benedictus auftritt. Strader spricht von seinen Zielen und deren Verwirklichung im Werke Gottgetreus. Benedictus aber hält ihm entgegen, daß so wie Capesius auch Thomasius und Maria noch nicht reif dazu sind, diese Arbeit in Angriff zu nehmen. Und so beschließt Benedictus diese Auseinandersetzung mit den Worten:

> Für euch soll dies als sichres Zeichen gelten,
> Daß ihr noch nicht den Weg ins Stoffgebiet
> In dieser Zeit schon wirklich finden könnt.

Und nun spricht Benedictus in erschütternder Weise aus, was zu Anfang des Bildes der Bürochef als sein Erlebnis und Romanus als seine Theorie geschildert haben. Benedictus aber spricht aus seinem Schauen:

> Was jetzt in unsrem Kreise sich gezeigt,
> Es lehrte mich an eures Schicksals Lauf
> Zu lesen jetzt ein Wort im Geisteslicht,
> Das sich vorher mir stets entzogen hat.
> Verbunden sah ich euch mit Wesensarten,
> Die Böses wirken müßten, griffen sie
> Schon jetzt ins Menschenwalten schaffend ein;
> Doch leben sie ein keimhaft Sein in Seelen,
> Um künftig für die Erde reif zu sein.
> In eurer Seele sah ich solche Keime.
> Daß ihr sie nicht erkennt, ist euch zum Heil.
> Sie werden sich durch euch erst selbst
> erkennen.
> Doch jetzt ist ihnen noch der Weg verschlossen,
> Der sie ins Stoffgebiet hinüberführt.

Der karmische Zusammenhang auf der einen Seite, auf der anderen aber die Existenz dieser geheimnisvollen, viel benannten und doch ungreifbar bleibenden Wesen machen es unmöglich, daß Strader seine Ziele ausführen kann. Strader geht völlig an diesen Worten des Benedictus vorbei.

Er geht mit keinem Wort auf sie ein. Nichts deutet darauf, daß er sie wirklich auffaßt. Er spricht allein in tiefem Schmerz von der Einsamkeit, die ihn jetzt sucht. Er gedenkt der Worte der Maria an seinem Abgrund und richtet seinen Willen darauf, aus dieser Einsamkeit sich das Schwert zu schmieden, das ihm nötig ist. Das Gespensterdickicht fordert bei Strader das Schwert heraus. Theodoras Seele tritt zu ihm, aus der Lichtwelt ihm Wärme zu schaffen, daß sein Geistesschwert diese Seelenfeinde überwinden kann. Ein wunderbares Bild, wie Strader das Schwert schmiedet im milden Feuer, das Theodora ihm aus der Lichtwelt schafft.

Am Ende dieser Szene bekommt der Widerstand des Bürochefs, des starren Kopfes, eine völlig andere Bedeutung. Auch das Scheitern von Straders Mechanismus bekommt ein anderes Licht. Benedictus schaut den Grund dafür in der mit Strader verbundenen Wesenhaftigkeit. Zugleich ändert sich in diesem Augenblick das Verhältnis des Benedictus zu seinen Schülern. Wir waren bisher gewohnt, ihn als den souveränen, einsamen Führer zu erleben. Keine Unsicherheit, keine Abhängigkeit zeigte sich an ihm. Schon durch Ahriman erfuhren wir, daß Benedictus die Wesen, die Ahriman in Strader schaut, nicht erblicken kann. Jetzt plötzlich schaut er sie. Es bildet sich eine Abhängigkeit des Benedictus von seinen Schülern. Noch viel erschütternder wird diese Abhängigkeit in der folgenden Szene, die den Schluß des Bildes gibt.
Was aber – muß man auch fragen – ist denn nun aus der Dreiheit gemeinsamen Wirkens von Johannes, Capesius und Strader geworden? Nach Maß und Zahl geordnet, vom Urbeginne vorbereitet, war sie im Rosenkreuzertempel zur Wirksamkeit geweiht worden. Und jetzt schon flieht jeder in seine Einsamkeit? Oder war es ganz anders gemeint, als wie Strader es auffaßte? Als auch Bellicosus es aufgefaßt hatte? Es wird geschehen, was geschehen soll, so hat es Strader gesagt. Aber Benedictus antwortete ihm, daß dieses Wort seiner Reife entspreche, jedoch der Widerhall in den Seelen der anderen fehle.

Benedictus hat in Strader eine furchtbare Schicksalswendung bewirkt, eine furchtbare Schicksalserkenntnis ihm gegeben. Strader hatte geantwortet nicht mit einem Wort der Erkenntnis, sondern mit einem Wort des Willens. Auf das Ungewöhnliche, Außerordentliche dieser Handlung des Benedictus weist Maria mit den Worten hin:

Mein weiser Lehrer, nie noch hört' ich euch
Zu Schülern, die auf Straders Stufe stehn,
In solcher Art die Schicksalsworte sprechen.
Wird seiner Seele Lauf so schnell geschehn,
Daß dieser Worte Kraft ihm heilsam ist?

Und Benedictus antwortet ihr, daß es so geschehen ist, weil das Schicksal es ihm gewiesen hat. Auf die Frage Marias, ob nicht eine böse Wirkung dadurch auf Benedictus zurückfalle, spricht Benedictus nun die Worte aus, die die erschütternde Wendung im Verhältnis zu seinen Schülern vollkommen offenbar machen:

Sie wird nicht böse sein; doch weiß ich nicht,
Wie sie in ihm sich offenbaren wird.
Es dringt mein Schauen jetzt zu Reichen wohl,
Wo solcher Rat in meine Seele leuchtet;
Doch seiner Wirkung Bild erblick' ich nicht.
Versuch' ich dies, erstirbt der Blick im Schauen.

Alles, was Benedictus durch die vergangenen drei Dramen für Maria und so auch für uns als Zuschauer bedeutet hat an Sicherheit, an nicht zu trübender Leuchtkraft, an Festigkeit, das kommt in diesem Augenblicke zum Wanken. Es ist eine der erschütterndsten Stellen in den Mysteriendramen. Aus dieser Erschütterung fragt Maria, wer ihm den Seherblick töte? Benedictus antwortet nun mit den Worten:

Johannes flieht mit ihm in Weltenfernen;

Was kann man jetzt eigentlich noch verstehen? Aus den physisch-sinnlichen Verhältnissen heraus, aus dem Verstande des Alltagsmenschen heraus kann man nichts mehr verstehen. Der dramatische Gang wird in allerhöchstem Maße gespenstisch. Diesen Satz erlebt man entweder gar nicht oder man erlebt Furcht durch diesen Satz. Beide, Benedictus und Maria, hören den Ruf des Johannes ertönen, aus Geistesweiten. Furcht ertönt aus diesem Ruf. Und dieser Furcht ausstrahlende Ruf ertönt aus ewig leeren Eisgefilden. Wenn das lebendig fließende Wasser in Eis übergeht, dann tritt es in seine stärkste Verzauberung ein. Der wachsende Zauber der vergangenen drei Szenen steigert sich hier am Schluß ins Gigantische hinein. – Des Eises Kälte brennt in Marias Selbst, es zündet Flammen in ihr, und diese Flammen zehren ihr Denken auf. Es sind die Flammen, die Johannes sich entzündet im Weltenfrost der ewigen Eisgefilde. Jetzt wird es ausgesprochen, hier zehrt sich das Denken auf. Das haben wir schon einmal erlebt. Im 8. Bilde des dritten Dramas sprach Strader davon, daß in

Ahrimans Gebiet das Denken zum Stillstand kommt. Jetzt steigert sich dies: Flammen zehren in dem furchterregenden Eisgefilde das Denken der Maria auf. Es erhebt sich ein wilder Kampf. Das Denken der Maria kämpft mit kaltem Geisteslicht. Heiße Finsternis schlägt aus ihrem Denken auf. Feuer und Eis stürmen wesenhaft ineinander. Der Ort der Handlung ist der Strom des Nichts. Ein vielfach gesteigerter Abgrund. Die Gewalt der Dramatik schließt durch die Worte der Maria:

In roten Flammen stürmt mein Selbst – ins Licht; –
Ins kalte Licht – – der Welten-Eis-Gefilde. – –

Wo ist Maria? Wo ist Benedictus selbst? Wo ist Johannes? Wie wirkt Straders Wesenheit und die in ihm wirkenden Wesen in dieses Ganze hinein? Alles stürmt ineinander, alle Grenzen heben sich auf, der Elementarzauber steigert sich hier ins Unermeßliche. Alles Sinnliche der Gebirgslandschaft ist durch die Worte der Dichtung wie weggestürmt, wie weggebrannt in eine dem Sinnlichen fremde Geistrealität. Verzaubertes Weben des eigenen Wesens!

Dahin hat sich die Gebirgslandschaft verwandelt, in der wir Johannes alleine am Beginne der drei Bilder fanden. Wie anders beginnt die Dichtung dort:

Der hingetürmten Formen schweigsam Sein,
Es füllt den Raum, gestaltend weite Rätsel;
Es tötet nicht mit Fragepein die Seele,
Die nicht erkennen, die nur lebend selig
Des Daseins Offenbarung schauen will.
Um diese Felsen dieses Lichtesweben,
Der kahlen Flächen stummes Dasein dort,
Die Wälder, grün in Blau verdämmernd hier;
Dies ist die Welt, in der Johannes' Seele,
Sich Zukunftsbilder webend, weilen will.
– – – – – – – – – – – – – – – –
– – – – – – – – – – – – – – – –
Johannes' Seele soll in sich erfühlen
Die Tiefen und die Weiten dieser Welt.
Und Schöpfermächte sollen dieser Seele
Die Kraft entbinden, die den Weltenzauber
Als kunstverklärten Schein den Herzen kündet.

Als Weltenzauber wollte Johannes die Eindrücke dieser Naturwelt verkünden. Der Weltenzauber hat sich zu der alles verzehrenden Lohe entfesselt, die aufflammt vom ewigen Eisgefilde mit seiner Leere, seiner Furchtatmosphäre.

Und die verzehrende Frage bebt nach: Wo bleibt denn das Ich? Wo alle Konturen sich aufgelöst haben, wo bleibt die ewige Gestalt des Ich? Diese Fragestimmung führt hinüber in die folgenden beiden Bilder im Geistgebiet.

Das Geistgebiet zur Sonnenzeit. Die Bildung der Ich-Gestalt durch die Grenzen der karmischen Verhältnisse. Das 5. Bild

Das dramatische Geschehen im Geistgebiet führt uns am weitesten aus der sinnlichen Welt hinweg. Wir erreichen die entfernteste geistige Höhe überhaupt im Gang durch die vier Mysteriendramen. Wir erreichen den geistigen Gipfel. Damit treten auch die größten Schwierigkeiten auf, zu verstehen, zu erleben, mitgehen zu können mit dem, was hier geschildert wird. Es bleibt im Grunde gar nichts anderes übrig, als sich Zeile für Zeile in das Erlebnis hineinzuarbeiten, sich in den Zusammenhang mit dem gesamten dramatischen Geschehen zu vertiefen, wie es immer wieder versucht worden ist. Man möchte den Umkreis jeder Zeile durch die ganze Dichtung hindurch ausmeditieren, anschauen, sich empfindend hineinversenken, um zu dem Erlebnis fähig zu werden, das hier geschildert wird. Lebt man sich aber auf diese Weise hinein, so ist das künstlerische Wunder dieser Sprache wiederum ihre Einfachheit; die Einfachheit, mit der das zum Ausdruck gebracht wird, was so weit unseren gewohnten Vorstellungen, Erlebnissen, Empfindungen entrückt ist. – Es soll versucht werden, sich dem Geistgebiet zu nähern aus der Weite des bisherigen dramatischen Geschehens.

Das 1. Bild des vierten Dramas warf das Problem auf, wie die materielle physische Welt der Fabrik des Hilarius durchdrungen werden könne von dem geistigen Leben, das sich dem übersinnlichen Schauen ergibt. Von da nun hinaus in die Tageshelle des Sonnenlichts. Es wird beschrieben, wie das Sonnenlicht über die Felsen, über die Wälder fällt, wie das Grün der nahegelegenen Wälder sich abhebt von dem Blau der Berge, die in der Entfernung verdämmern. Seitlich ergießt sich ein Wasserfall. Und es wird beschrieben die Schönheit, der Zauber, den das Licht über die Elemente der Luft, des Wassers und der Erde wirft. Tageslicht fällt für das Sinnesauge über die Natur.

Dann wird in der Geistesschau des Johannes dieses Sinneslicht durchsichtig, transparent für die Gestalten der Gnomen in ihrem Stahlgrau, mit großen vornübergebeugten Köpfen und beweglichen Gliedern; für die schlanken fast kopflosen Gestalten der Sylphen, gelbrötlich sich konturierend oder blaugrün ins Unbestimmtere verschwimmend tanzartig sich bewegend in ihrem geistigen Lichtelement. Die Gnomen sagen, wie sie das Gestein, das wir gerade noch im Sonnenlicht vor Augen hatten, bearbeiten und bilden aus ihrem hellen Verstand, der schon im Urbeginn der Erde reif war zu dieser Tätigkeit. Dann sprechen sich diese Sylphen aus, wie sie in allem wachsenden, keimenden, sonnendurchleuchteten, sonnengestärkten Lebenselemente wirken und wie ein Sinn strömt in alles, was lebt an Menschen, Tieren, Pflanzen, in allen lebendigen organischen Vorgängen der Erde, wie die beseelten Wesen genießen diesen Sinn, der bildend wirkt in dieser lebendigen Welt. Der Atem ihres Wirkens reicht bis in die Ewigkeit, wenn sie ihre Tätigkeit jetzt glimmernd, schimmernd der Sinneswelt verweben. Das Verstandeslicht der Gnomen reicht zum Urbeginn hin, wenn sie den Stoff zerstäuben oder festigen. Mit dem Hinzutreten der Seelenkräfte verinnerlicht und vergeistigt sich die elementarische Sphäre. Als letzte spricht die Andre Philia jene geheimnisvollen Worte, deren letzte vier Zeilen allein Johannes im Gedächtnis bleiben. Was spricht sie da?

Sie pflücken die Blüten
Als sorglose Nutzer
In zauberndem Wirken;

Was denn für Blüten? Und wie nutzen denn diese elementarischen Wesen diese Blüten? Und zugleich sind sie sorglos darüber, wie sie sie benutzen. Und was sie tun, ist ein zauberndes Wirken. Zaubern heißt immer, etwas verhüllen, so daß die Sache undurchsichtig wird. Auf undurchsichtige Weise verwandeln.

Sie träumen das Wahre,
Sie wahren den Wahn;

Was die Sylphen in den Ewigkeiten sinnen, das bilden sie träumend dem Leben ein. Was die Gnomen besitzen an Weisheit vom Erdenurbeginn, das bilden sie dem Stoffe ein, dem Wahn. Denn aller Stoff ist ein Wahn, der die Wahrheit verbirgt. Aber die Gnome bilden das eine in das andere hinein. Warum tun sie das, die Gnomen und die Sylphen?

Daß schlafendes Keimen
Sich wecke zum Leben;

Ja, von was sprechen denn diese Wesen durch den Mund der Andren Philia? Spricht sie nur von mineralischen und pflanzlichen Prozessen? Was weckt sich denn aus schlafendem Keimen zum Leben? Was für Blüten pflücken diese Wesen denn, indem sie ihren Zauber wirken? Wohin mündet das alles? Und woher kommt es?

Daß schlafendes Keimen
Sich wecke zum Leben;
Und wachendes Träumen
Enthüllet den Seelen
Verzaubertes Weben
Des eigenen Wesens.

Das eigene Wesen ist verzaubert im schlafenden Keimen, das sich zum Leben weckt! Das eigene Wesen soll in wachendem Träumen sich selbst erkennen! – Man weiß wirklich nicht, welche Worte man wählen soll, um diese poetische Gewalt durchsichtig zu machen, ohne doch die dem inneren lebendigen Inhalt einzig gemäße Ausdrucksform zu verlassen. – Verzaubert in ihre Gestalt, in ihren Lebensstrom hinein fühlt sich die Seele durch die Wirksamkeit der Gnomen und Sylphen. Darin lebt die Seele mit ihren Kräften entzückt, beglückt, begeistert, in liebender Hingabe an das Licht, in schaffendem Leben, als tätiger Schöpfer, ihr eigenes Wesen suchend, wie es unverhüllt, ohne Zauber für sich selbst besteht! – Es ist entscheidend, an dieser Stelle zu fühlen, daß die dramatische Handlung die Richtung zum Geistgebiet eingeschlagen hat!

Kurze Zeit kehren wir in die Tageshelle des Sinnenlichtes zurück. Dann verwandelt es sich wieder hinüber ins Übersinnliche: in das matte Licht des Geistes von Johannes' Jugend, in die brennende Glut Lucifers, in das milde Geisteslicht der Theodora. Und zuletzt wieder in das rätselvolle, schimmernde und warme Licht der Andren Philia. – Ich empfinde die Beleuchtung dieses Bildes wie das keimkräftige aufsteigende Licht des Vormittags.

Das Streitgespräch der vier Rosenkreuzer zeigt ein grelles Licht, wie um die Mittagszeit. Es wird schwefelgelb, gläsern, spannungsgeladen, wenn Ahriman durch die Mittagshelle schleicht. – Wenn Capesius mit Felix Balde und Strader auftritt, bricht das Licht und neigt sich von seiner Höhe. In der Schau Straders plötzlich in das Übersinnliche einbrechend, wird die Beleuchtung schwarz, in rötliche Ätherhelle übergehend. Die elementarische Szene hat sich verfinstert. Zerstörung, Kampf waltet in der Schemenwelt. Dazu bläulichrote Schatten um Felix Balde, rötlichgelbe

Schatten um Capesius. Die Schatten in Strader selbst sind nur Ahriman sichtbar, bleiben jedoch Strader und auch Benedictus unsichtbar. Dann hellt sich die Szene wieder auf zu einem milden Spätnachmittagslicht, wenn Frau Balde ihre freundlich-heiteren Worte über die Märchenwesen und das Puppenspiel zu Strader spricht.

Was dann der Bürochef und Romanus über die Naturdämonen in Strader aussprechen, das verlangt Zwielicht. – Die Abendschatten verlängern sich gleichsam ins Unendliche in der Schau des Johannes, wenn seine Vergangenheit im Geiste seiner Jugend durch seinen Doppelgänger aus dem Übersinnlichen auftaucht. Auch der Hüter bleibt seinem Erkenntnisblick verhüllt, wie der Abendnebel die Landschaft verhüllt. Und Finsternis senkt sich herab mit den Worten Ahrimans. Das tragische Gespräch zwischen Benedictus, Maria und Strader, in dem Straders letzte Hoffnungen untergehen, zeigt Abendröte. Wärme strömt aus der Lichtwelt des Geistes, wenn Theodora Strader erscheint. – Dann kommt die Nacht. Maria und Benedictus sprechen aus einer Landschaft, in der das Licht erloschen ist. Aus dieser Nacht bricht das Übersinnliche in seiner Flammengewalt als kaltes Geisteslicht der Welteneisgefilde auf. Dahinein stürmt das Selbst, dahinein stürmt die Seele des Johannes, mit sich ziehend den Seherblick des Benedictus. Alles löst sich auf. Wo bleibt das Ich? Was überhaupt ist das für ein Wesen, was für eine Gestalt, dieses Ich? Wo bleibt der Mensch selbst? Das bleibt als Frage-Stimmung, wenn diese drei Landschaftsbilder an der Seele vorbeigezogen sind. Wie verwandelt sich aber das Licht aus dem Elementarischen in das Geistgebiet hinüber?

«Das Geistgebiet. In sinnvollen Farbenfluten erscheinendes Bild; nach oben rötlich in feurig Rot verlaufend, nach unten blau in Dunkelblau und Violett übergehend.» Wie anders ist das Licht als alles, was vorausgegangen ist. Keine Inhalte, keine Nachbildungen, keine Konturen oder Formen irgendwelcher Art sind angegeben. Nur ein sinnvolles Farbenfluten. Nach oben tritt das Licht hervor, rötlich, feurig, in Wärme hervortretend. Nach unten kühlt sich das Bild, tritt in sich zurück, dunkelt ab in Blau und verdichtet sich, konsolidiert sich nach unten im Violett. – «Unten eine symbolisch wirkende Erdensphäre.» Alles, was wir durch die vier vorangehenden Bilder hinter uns gelassen haben, ist zusammengezogen in das Symbol einer Erdensphäre. – «Die auftretenden Gestalten wie mit dem Farbenbild ein

Ganzes bildend.» Das einzige, was uns an die irdischen Verhältnisse real erinnert, sind die auftretenden Gestalten und ihre Gesichter. Aber wie treten diese Gestalten auf? Sie bilden mit ihren eigenen Farben ein Ganzes mit den Farben der Umgebung. Die Phantasie muß im Folgen der Dichtung immerfort mit jeder Gestalt das Ganze der Szenerie umbilden. Tritt eine rote Gestalt in das Farbenfluten hinein, so wird es sich anders nuancieren, als wenn eine grüne Gestalt sich hindurchbewegt. Die Phantasie ist im höchsten Maße zu schöpferischer, geistig lebendiger Beweglichkeit aufgerufen, und alles tote Vorstellen und Abbilden der sinnlichen Gegenstände, wie Bäume, Felsen, Wasserfall muß die Seele hinter sich lassen. Sonst fällt sie aus der Schilderung heraus.

Zunächst erblicken wir im Bilde: «Rechts die Gnomengruppe des zweiten Bildes, vor ihr Hilarius, ganz vorne die Seelenkräfte. Hinter Hilarius etwas erhöht Ahriman. Links erhöht Lucifer, im Vordergrund Felix Baldes Seele». Straders Seele ist sichtbar rechts von Felix Balde gegen Hilarius zu.

Wie findet sich nun die Gestalt Felix Baldes in das Ganze der Farbenfluten hinein? «... die Gestalt eines Büßers, Gewand jedoch hellviolett mit Goldgürtel.» Die ganze Szenerie hellt sich in seiner Seelengestalt milde auf und erglänzt funkelnd in dem Gold des Gürtels. Was spricht Felix Baldes Seele:

> Hab' Dank, du Geist, der Welten weise lenkt,
> Erlöser mir aus finstern Einsamkeiten;
> Zur Arbeit und zum Leben weckt dein Wort.

Dieser weise Geist hat mit Balde gesprochen. Zu welchem Leben hat er ihn erweckt? Und zu welcher Arbeit?

> Ich will mir nutzen, was du Welten schenkst,
> Von denen ich dann sinnen darf, wenn du
> Die meine in die Dumpfheit sinken läßt.
> Zu ihnen trägst du dann auf deinen Strahlen,
> Was mir im Bilden Kräfte schaffen kann.

Baldes Seele schaut aus der Welt dieses Geistes herunter auf einen Zustand, in dem er sich bald in Dumpfheit befinden wird. Seine Arbeit besteht darin, alles, was der Geist dieser Welt schenkt, sich nutzbar zu machen, damit er im Zustande der Dumpfheit dann davon sinnen kann. Der Geist wird diese Welten weiter durchstrahlen, und aus diesem Strahlen empfängt Balde Kräfte, die er zum Bilden brauchen wird. Von einem Leben in der Lichtwelt dieses

Geistes spricht Balde und von seiner Arbeit im Hinblick auf seinen späteren Zustand, der dumpfer sein wird als der gegenwärtige. Was bildet er denn? Wohin strebt er denn?

Nun spricht Lucifer. Seine Erscheinung wird so beschrieben: «bläulich-grün strahlendes Untergewand; hellstrahlendes rötliches mantelförmiges Obergewand, das in flügelartige Gebilde ausläuft; nach oben nicht Aura, sondern Mitra-artige, dunkelrötliche mit Flügeln besetzte Kopfbedeckung; blaues schwertartiges Gebilde am rechten Flügel; gelbes planetenkugelartiges Gebilde, wie vom linken Flügel getragen. Er steht etwas nach hinten und links erhöht über Felix Baldes Seele.» Er spricht zu Felix Baldes Seele:

Mein Diener, Wirken deiner Art bedarf
Der Sonnenzeit, in die wir eingetreten.
Der Erdenstern empfängt jetzt dumpfes Licht;

Felix Baldes Seele sprach von einer strahlenden Welt, in die er sich aus finstrer Einsamkeit emporgehoben fühlt. Lucifer sagt, daß in dieser Welt die Sonnenzeit eingetreten ist. Felix Baldes Seele blickte auf einen dumpferen Zustand hin. Lucifer spricht von dem Erdenstern und seinem dumpfen Licht. Die Dichtung läßt einen zunächst völlig orientierungslos. Aber so langsam baut sich eine innere Orientierung auf.

Es ist die Zeit, wo Seelen deiner Art
Am besten an sich selber schaffen können.

Jetzt erfahren wir, woran Felix Baldes Seele arbeitet, was er bildet: Er schafft an sich selbst.

Ich lasse dir aus meinem Lichtesquell
Des Selbstsinns Keimestriebe hell erstrahlen.
Versammle sie zur starken Kraft des Ich.

Jetzt sind wir am Orte, wo das Ich gestaltet wird. Nicht länger lebt das Wesen in der Verzauberung, das Wesen selbst tritt hervor, und zwar so, daß sich offenbart, wie es sich selber bildet. Den Keim, den Antrieb dazu gibt der Seele des Felix Balde Lucifer aus seinem Licht. Was wird aus diesen Keimestrieben des Selbstsinns, der Ich-Bildung werden?

Sie werden dir im Erdensein erblühn.
Dort wird die Blüten deine Seele suchen;
Sie wird am eignen Wesen sich ergötzen,
Wenn sie Ersehntes lustvoll sinnen kann.

Im 2. Bilde haben wir die Andre Philia sprechen hören davon, wie die elementarischen Wesen, die den Menschen in seine Hüllen hinein verzaubern aus der Ewigkeit, Blüten pflücken. Jetzt ist wieder die Rede von Blüten, die aus des Selbstsinns Keimestrieben hervorgehen zur Sonnenzeit im Geistgebiet. Und wenn die Seele des Felix Balde in ihrem dumpferen, in ihrem Erdenzustande sinnen wird, wie ihr Ich-Wesen aus dem Geistigen heraus aufblüht, dann wird sie «Selbstseinsglück» erleben. Das waren ja die Worte Lucifers im 4. Bilde des ersten Dramas. Jetzt sagt er, du wirst lustvoll sinnen. Ichheit für das folgende Leben wird veranlagt.

Felix Baldes Seele spricht mit dem Blick nach der Gnomengruppe:

> In Fernen dort entschwindet leuchtend Sein;
> In Nebelbildern schwebt es nach den Tiefen;
> Es wünscht im Schweben sich Gewicht zu geben.

Jetzt geschieht es schon, daß das leuchtende Sein der strahlenden Welt Lucifers, der Sonnenzeit, für die Seele des Felix Balde sich dämpft, ein dumpferer Zustand eintritt, Nebelbilder schweben nach der Tiefe. In dem leuchtenden Sein entsteht der Wunsch – das Wünschen hat sich immer wieder als die Substanz Lucifers erwiesen – das Schweben hinabzusenken, ihm Gewicht zu geben. Die Gnomen schaffen in der Sphäre des Gewichtes. Die Erde, die wir nur in symbolischer Andeutung erblicken, sie hat Gewicht dadurch, daß Ahriman Licht verdichtet hat. Und in dieser Stofflichkeit sind eben die Gnome die Werkmeister. – Nun spricht einer aus dieser Gnomengruppe heraus. Es ist die Seele des Hilarius. Eine erstaunliche Umgestaltung zeigt seine Gestalt: «ins Menschenähnliche umgesetzte Gestalt der stahlblaugrauen Elementargeister; Kopf weniger geneigt, Gliedmaßen menschenähnlicher». So zeigt sich hier die Seele des Großmeisters, so die Seele des Fabrikbesitzers, der die physische Materialität seines Werkes durchdringen will mit der Geistigkeit. Gnomenverwandt erscheint er hier! Er weiß, wie es sich mit den Gnomen verhält:

> Der Wünsche-Nebel ist des Erdensterns
> Ins Geistgebiet geworfner Widerschein;

Johannes Thomasius hatte im 4. Bilde zu sich selber gesprochen:

> Verzaubert Weben meines eignen Wesens,
> Verkünde mir, wonach kein Wunsch mich brennt.

So sprach er im Leibe, in der Verzauberung. Jetzt erfahren wir das Wesen des Wunsches:

Der Wünsche-Nebel ist des Erdensterns
Ins Geistgebiet geworfner Widerschein;
Des Sterns, für den du dir in *dieser* Welt
Ein denkend Sein aus Seelenstoffen wirkst.

Hilarius' Seele, der Gnomenähnlichen, ist bewußt, daß die Seele des Felix Balde zur Erde herab strebt, um dort als denkender Mensch erwachen zu können. Hilarius erkennt auch, daß für die Seele des Felix Balde nur ein nach unten strebendes Nebelwesen erscheint. Er weiß es besser:

Für dich ist's nur ein flüchtig Nebelweben;
Für sich sind's Wesen, seelendicht sich fühlend.
Auf Erden schaffen sie mit Weltverstand
Im alten formendurst'gen Feuergrunde.

Ein wunderbares Wort! Eine wunderbare dichterische Wahrgestalt der Erde! Feuer ist die Erde im Grunde. Feuer, das nach Formen durstet. Aus diesem Feuerdurst nach Form schaffen die Gnomen die Kanten und Flächen der mineralischen Erde. Wunderbar, wie aus den Worten die Perspektive der Gestaltung des mineralischen, des physischen Leibes für die Seele des Felix Balde erklingt. Dieser spricht:

Ich will, daß ihr Gewicht mich nicht belaste.
Es schafft dem Schwebetrieb den Widerstand.

Die Seele des Felix Balde wünscht dem Schwebetrieb weiter zu folgen, in dem leuchtenden, strahlenden Weltbezirk Lucifers zu bleiben. Das Gewicht der Verkörperung lastet auf ihm. Er fühlt, wie alles Irdische Widerstand gibt dem rein geistigen Dasein. Wie im Keim, im Konzentrat, tritt das ganze Gespräch zwischen Felix Balde und Strader im 3. Bilde des vierten Dramas vor uns hin. Hier erkennen wir, aus welcher Stimmung in den Tiefen seiner Seele Felix Balde dort seine Mystik vertritt:

Die Welt, in die ihr *tätig* euch begebt,
In die könnt ihr des Schauens zartes Sein
Nicht tragen, ohne daß es euch zerschmilzt,
Wenn sie an ihrer Grenze euch empfängt.

Da haben wir dieselbe Stimmung. Hier auf der Erde als die Wirkung und dort im Geistgebiet als den Keim. – Es kann nicht anders sein, mit dem Gewicht, mit dem Widerstand gegen den Schwebetrieb ist die Sphäre Ahrimans berührt. Er steht etwas erhöht hinter Hilarius' Seele und den Gnomen. Er sagt:

Dein Wort ist gut. Ich will es schnell erfassen,
Daß ich es unverdorben mir erhalte;

Das Wort, das Felix Balde im Schmerz ausruft, dieses Wort findet Ahriman gut. Nicht unähnlich einem Journalisten, merkt er sich die Sache. Er schreibt sie sich sozusagen gleich auf, um sie zu behalten. Warum gefällt ihm dieses Wort so gut? Immerhin bezeichnet es ja den Weg einer Seele aus dem Reiche Lucifers in das Gebiet Ahrimans. Er bemerkt auch noch dazu, daß die Seele des Felix Balde selber damit gar nichts anfangen kann. Ja, er fügt hinzu, daß Balde dieses Wort auf der Erde hassen würde. Muß nicht ein Felix Balde ein solches Wort hassen, er, der mit seinem Herzen den Erdentiefen und ihren Erzgewalten hingegeben ist, mit den Mächten, die in der Sphäre des Gewichtes ausharren, leiden und hungern? – Wir haben erlebt, wie die Seele des Felix Balde an der Gestalt ihres eigenen Ich bildet und sich die Stimmung ihrer Individualität uns auf geheimnisvolle Weise mitteilt.

Lauschend, miterlebend war die Seele Straders gegenwärtig. «Gestalt, von welcher nur der Kopf sichtbar ist, gelbgrüne Aura mit roten und orangenen Sternen, rechts, entfernt von Felix Baldes Seele». Seine Seele spricht jetzt:

> Ein Wort im Hall und Widerhall vernehmlich.
> Es gibt sich sinnvoll, doch der Hall entschwindet;
> Den Widerhall ergreift die Daseinslust.
> Wohin wird er die Richtung nehmen wollen?

Das Wort der Seele des Balde erlebt er als einen Hall durch das Geistgebiet, dann vernimmt er den Widerhall in Ahriman. Der Hall und der Widerhall geben sich ihm sinnvoll, er kann sie durchdringen. Aber der Hall, das Wort des Balde, entschwindet ihm. Das Wort, das sich Ahriman erhalten hat, den Widerhall, den ergreift Daseinslust. Das Wort drängt gleichsam herab zur Erde. Aber das weiß die Seele des Strader nicht. Er fragt in die geistige Welt hinein, nach welcher Richtung der Widerhall nun strebt? Nun antworten ihm die vier Seelenkräfte.

«Die Andre Philia (wie eine Kopie des Lucifer; doch fehlt das Strahlende des Unter- und Obergewandes. Statt des Schwertes eine Art Dolch und statt des Planeten eine rote Kugel, wie eine Frucht):»

> Er ziehet sich, Gewicht begehrend, fort
> Zum Orte hin, wo leuchtend Sein entschwindet
> Und nebelbilderhaft in Tiefen dringt.

Soweit kennen wir den Vorgang schon. Nur war er vorher mit der Seele des Felix Balde und der des Hilarius verbunden. Der Widerhall bewahrt nur den Weg der Nebelwesen.

Nur das tönt aus dem Widerhall Ahrimans hervor. Davon spricht die Andre Philia:

Bewahrst du seinen Sinn in deinem Reich,
So trag' ich dir die Kraft zum Nebel hin;
Du wirst sie dann auf Erden wiederfinden.

Den Sinn, den die Seele Straders erfaßt hat, den möge er sich hier, in der Sonnenzeit des Geistgebietes bewahren. Auf der Erde wird er nur noch die Kraft davon finden. Der Blick richtet sich auch für Strader, so wie vorher für Felix Balde und Hilarius, nach jener symbolischen Erde hin.

«Philia (engelartige Gestalt, gelb ins Weißliche übergehend, mit hellvioletten Flügeln, hellere Nüance, als sie später Maria hat – alle drei Seelengestalten in der Nähe von Straders Seele):»

Die Nebelwesen pflege ich für dich,
Daß sie den Willen dir nicht wissend lenken;
Vertrauen will ich ihn dem Weltenlicht,
In dem sie deinem Wesen Wärme schaffen.

Philia will die Pflege der Nebelgnomenwesen in Straders Willen übernehmen. Diese Wesen dürfen ihm nicht bewußt werden. Philia will den Willen des Strader dem Weltenlicht vertrauen. Und im Weltenlichte schaffen diese Wesen dem Wesen des Strader Wärme. Sie werden ganz intensiv wirksam in ihm sein. Aber er darf nicht wissen, daß sie in ihm sind. – Das eben hatte Benedictus geschaut und ausgesprochen im vorangehenden Bilde.

«Astrid (engelartige Gestalt, hellviolette Gewandung mit blauen Flügeln):»

Ich strahle wonnig helles Sternenleben
Den Wesen hin, daß sie's zu Formen dichten;
Sie werden deinen Erdenleib erkraften,
Dem Wissen fern, doch nah' dem Herzenstriebe.

Was diese Gnomenwesen als Formen bilden, das hat seine Vorbilder in den Sternen. Auch das Leben entnehmen sie den Sternen dafür. Sie werden den Erdenleib des Strader aufbauen, erkraften. Das geschieht unbewußt, fern dem Wissen. Aber im Herzen wird Strader ihre Tätigkeit fühlen, im Herzenstriebe seines Schaffens wird er etwas von ihrer Tätigkeit bemerken. Wie hatte Felix Balde im 3. Bilde die Erfindung von Straders Mechanismus charakterisiert?

Ich ward durch euch beglückt, als ihr vor mir
Dereinst von eurem Mechanismus spracht; –
Als euch Erleuchtung schenkte, was ihr nicht
Verständig suchend euch erringen wolltet.

Aus dem Herzenstriebe, ganz zufällig, ganz unbewußt trat die Erfindung dieses Mechanismus hervor. Das veranlaßt Astrid im Geistgebiet.

«Luna (schlanke, engelartige Gestalt, blaurote Gewandung mit orangenen Flügeln):»

> Gewichtig' Wesen, das sie lastend schaffen,
> Verberg' ich dir im Sinnenleibe künftig;

Was diese Wesen schaffen, das schaffen sie im Lasten. Wenn sie Formen bilden, so lasten diese Formen herunter. Und diese Tätigkeit verbirgt Luna im Sinnenleibe. Ahriman hatte gesagt, daß Strader selbst diese Wesen dem Benedictus verberge. Luna spricht die Gefahr aus, die auch Benedictus im vorangehenden Bilde erkannte:

> Daß du es denkend nicht zum Bösen bildest
> Und so im Erdensein den Sturm erwühlest.

Straders Seele werden Kräfte mitgegeben, deren bewußte Entfaltung ihm zugleich versagt bleibt. Die tragische Stimmung, die Einsamkeit, die Verlassenheit und Hilflosigkeit, der wir im vorigen Bild begegnet sind, wird geistig durchsichtig. – Wie formt sich die Seele Straders nun aus diesen Geschehnissen die Gestalt der Strader-Persönlichkeit? Im 3. Bilde hatte Benedictus, als Gedankenform, doch in wirklichem Geistverkehr, zu Strader gesprochen:

> In weisheitvollen weiten Geisteswelten
> Erahnst du Hilfe jener Fragepein,
> Die deines Seelenlebens Urgeheimnis
> Auf deinem Erdendenken lasten läßt.

Jetzt hat sich das Urgeheimnis, das auf Straders Seelenleben lastet, lastend schafft, gewichtig Wesen ist, erhellt! Feuerkräfte klingen aus den Worten, mit welchen sich Strader seine Persönlichkeit schmiedet:

> Die drei, sie sprachen Worte sonnenhaft; –
> Die wirken mir in meinem Blickekreis.
> Gestalten viel an Zahl erschaffen sie;
> Es keimt in mir der Trieb, zur Einheit sie
> Mir seelenkräftig sinnvoll umzubilden.
> Erwache mir, du Sonnenkönigskraft,
> Daß ich dich dämpfen kann am Widerstand;

Er sagt nicht, wie Felix Balde, daß das Gewicht ihn belaste, daß er den Widerstand als schmerzlich erlebt gegenüber dem geistigen Schwebetrieb. Er entflammt die Sonnenkönigskraft seiner Ich-Wesenheit, und den Widerstand benützt er nur dazu, um diese Ichkraft zu dämpfen. Er arbeitet daran, daß sein Ich am Widerstand der Gnomenwesenheiten das rechte Maß erhält. Er bejaht hier, was er später – im 4. Bilde – ohne Verständnis in tiefem Schmerz durchleidet. Wie großartig wird dichterisch die Gestimmtheit der Individualität Straders im Gegensatz zu der Individualität des Balde gezeigt!

Erwache mir, du Sonnenkönigskraft,
Daß ich dich dämpfen kann am Widerstand;
Ihn trägt mein Wunsch vom Mondeskreise her. –

Woher kommt der Widerstand? Der Wunsch, der ins Geistgebiet geworfene Widerschein des Erdensterns, er trägt ihn aus dem Mondenkreise her. In der Sonnenzeit, im Mondenkreise, im Schatten des Erdensterns – Sphären durchdringen sich. Wie dämpft sich nun die Sonnenkraft am Monde?

Schon regt sich Goldesleuchten, fühlend warm,
Und Silberglanz, gedanken-sprühend, kalt;

Denken wir zurück an das 1. Bild des ersten Dramas: Strader spricht von sich selber als Mönch und als Naturwissenschaftler. Das Goldesleuchten, fühlend warm, die Religiosität des Kindes. Der Silberglanz, die Kälte, seine Argumentation, gedankensprühend wie Feuerfunken.

Erglimme noch, Merkurs Begierdetrieb,
Vermähle mir getrenntes Weltensein.

Marias Seele hatte zu Strader an seinem Abgrund von der Schaffensgier gesprochen. Tat-Gedanken, Taten-Sturm lebt in seinem Wesen. Den Silberglanz seiner gedanklichen Schöpfung, seines Mechanismus, den Menschen zu übergeben, aus Wärme, aus Weisheit heraus, aus reiner Menschenliebe, dazu fühlte sich Strader unablässig angetrieben. Und wieder im Werke des Hilarius versuchte er getrenntes Weltensein zu vermählen.

So fühl' ich wohl, daß wieder mir ein Teil
Des Bildes sich erschaffen, das ich hier
Aus Welten-Geistes-Kräften wirken muß.

Nun schweigt die Seele Straders zunächst und die Seele des Capesius tritt auf. «Capesius' Seele (ist bei den ersten Sätzen Straders erschienen, nur der Kopf zu sehen, der eine blaue mit roten und gelben Sternen besetzte Aura hat):»

Es taucht am fernen Seelenufer mir
Ein Bild empor, das nie mein Sein berührt,
Seit ich dem Erdenleben mich entrungen.

Was für eine Ausdrucksweise! Am fernen Seelenufer. Sonst steht man mit diesem physischen Knirps am Ufer eines Sees zum Beispiel und sagt: Da ist das Ufer des Sees. Im

Geistgebiet hat man diesen Knirps nicht, man hat keine Grenzen, sondern die Seele selbst dehnt sich wie ein See aus und hat ein Ufer. Und am Ufer der Seele taucht das Bild einer anderen Seele auf.

Immer wieder neu muß man die Metaphorik der Mysteriendramensprache nicht definieren, sondern sich in sie selbst hineinbewegen, einleben. – Und wieder erfahren wir aus der Dichtung etwas Neues: Wir orientieren uns, wir erfahren, daß wir in einem Sein leben, das einem vergangenen Erdenleben gefolgt ist. Der Intellekt mag sich rasch, abstrakt und plötzlich orientieren. Das dichterische Erlebnis entfaltet sich langsam, rhythmisch. Erst im Blick auf ein zukünftiges Erdenleben bei Strader. Jetzt rückblickend auf ein vergangenes durch die Seele des Capesius. Auf den Prozeß kommt es an! Das Wort der Dichtung selbst muß der Führer sein. – Die Seele des Capesius spricht von dem Bilde weiter:

> Es strahlet Gnade, wirket gütig mild.
> Der warme Glanz der Weisheit strömt von ihm;
> Und klärend Licht gewährt es meinem Sein. –
> Könnt' ich dies Bild mit mir zur Einheit weben,
> Erwürb' ich mir, wonach ich dursten muß.

Wie wunderbar ist das Bild der Individualität Straders hier gezeichnet. Aus dem Seelenblick einer anderen Individualität. Nach diesem Bild durstet die Seele des Capesius. Er fühlt, daß er von ihr empfangen muß, was seine eigene Individualität ausbilden wird. Aber das Bild bleibt ihm zunächst entfernt. Da sagt er:

> Doch kenn' ich nicht die Kraft, die mir das Bild
> In meiner Sphäre wirksam machen könnte.

Luna weiß Rat, wie sich das Bild Straders seiner Seele nähern kann:

> Was dir zwei Erdenleben gaben, *fühle* –.
> Im ernsten Wandel floß in alter Zeit
> Das eine dir dahin;

Dieses Leben werden wir kennenlernen in den beiden ägyptischen Szenen. Noch ist es unbekannt.

> von Ehrsucht trübe
> Durchlebtest du ein spätres;

Dieses Leben haben wir im Mittelalter kennengelernt – der ehrgeizige erste Präzeptor.

> nähre dieses
> Mit Gnadenkraft aus jenem andern kräftig,
> So werden Jovis Feuerseelen dir

In deinem Blickekreis sich offenbaren;
Du wirst dich weisheitvoll erkraftet wissen.

Die Kräfte des einen Lebens der Vergangenheit mit dem anderen vergangenen Leben zu durchdringen, wird bewirken, daß Jovis Feuerseelen sich der Seele des Capesius offenbaren! Sphärische Mächte greifen in die Seele ein. Kräfte der Weisheit werden so seine Seele durchdringen. Das wird ihn fähig machen, sich das Bild Straders näher zu bringen.

Dann wird das Bild, das du noch fern
Am Ufer deiner Seelensphäre schaust,
In deine Nähe sich bewegen können.

Capesius' Seele:

Ich bin der Seele *wohl verschuldet,* die sich
Zum Sein bereitet, daß sie sich im Bilde
In meinem Seelenkreise mahnend spiegelt?

Astrid:

Du bist es wohl; doch ruft sie dich noch nicht
Fürs nächste Erdensein zum Ausgleich auf. –

Aus dem Mittelalter kennen wir keine Verschuldung des Capesius gegenüber Strader, des Präzeptors gegenüber dem Juden Simon. Das Verhältnis des Capesius zu Strader ist in diesem Leben ein außerordentlich harmonisches. Aber eine Schuld und eine Sühne übergreifen dieses Leben.

Gedankenkräfte will das Bild dir geben,
Daß du als Mensch den Menschen finden kannst,
Der seiner Erdenzukunft Bild dir zeigt.

Jetzt wird die Dichtung ganz genau. Das Bild von Straders Erdenzukunft taucht an dem Seelenufer der Seele des Capesius auf. Nur so kann der Mensch den Menschen, der Professor Capesius den Doktor Strader auf der Erde finden! Es gehört zum Stil dieses Bildes, aus den gegenstandslosen Farbenfluten nach und nach eine Orientierung zu geben, die sich immer mehr der Orientierung in den Erdenverhältnissen annähert. Das aber liegt im «Wie» der Dichtung, und nicht im «Was». – Nun wird darauf hingewiesen, wie weit die Verbindung der beiden Seelen geschehen darf, und wo die Grenzen dieser Verbindung gesteckt sind. Die Andre Philia spricht:

Es darf das Bild dir näher wohl noch kommen,
Doch kann es nicht ins eigne Sein dir dringen. –
Drum hemme seinen Wunsch nach deinem Sein,
Daß du die Erde wieder finden kannst,
Bevor es dir ins eigne Wesen fließt.

Das Bild darf nicht ganz in die Seele des Capesius übergehen. Es besteht aber ein Wunsch in der Seele des Strader, in die Seele des Capesius einzudringen. Capesius' Seele muß sich beeilen und die Erde wieder finden, bevor Strader dieses erreicht. Er muß früher zur Geburt kommen als Strader. Darum ist der Herr Professor älter als der junge Doktor. Das Zeitmoment der Verkörperung wird hier angedeutet. – Es wird aber auch die Ursache angedeutet, warum Capesius sich zum Beispiel von dem Vorhaben des Strader im Werke des Hilarius so strikt abtrennt. Er geht seinen eigenen Weg. So spricht die Seele des Capesius:

Ich fühle *vor*, was ich ihm danken werde,
Wenn ich es mir wohl *näher* bringen *will*,
Doch frei von ihm mich selbst behaupten kann.
Aus Philias Bereich erschaue ich
Gedankenbilderhaft die Kräfte jetzt,
Die ich aus seiner Nähe ziehen soll.

Philia:

Wenn bald Saturn der vielen Farben Licht
Dir strahlen wird, so nutz die Zeitengunst.
Es wird in deine Seelenhülle dann
Des Geistverwandten Bild durch seine Kraft
Des Denkens Wurzeln pflanzen, welche dir
Des Erdenlaufes Sinn enthüllen sollen,
Wenn dieser Stern dich wieder tragen wird.

Wir hören, daß die Sonnenzeit bald abgelaufen sein wird, daß Saturn seine Farben durch das Geistgebiet als Strahlen wirft. Wieder eine neue Sphäre: Saturn zu den anderen! Langsam fühlen wir uns in die Sphären hinein, durch die wir uns im Geistgebiet bewegen. Was wird für das Erdenleben des Capesius entstehen, wenn das Bild der Seele des Strader sich mit ihm verbindet? Ein Denken wird in seiner Seele veranlagt, das in der Lage sein wird, den Sinn des Erdenlaufes für Capesius zu enthüllen. Capesius, der die Menschengeschichte studiert hat, der des Erdenlaufes Sinn immer auf der Spur ist, er wird diese Fähigkeit durch Strader erhalten. Er, der Geschichtsprofessor, der so sehr auf die Vergangenheit gerichtet ist, erlebt hier im Geistgebiet, wie er seine Seele im Blick auf seine eigene Erdenvergangenheit bildet. Ganz anders entsteht seine Ich-Gestalt als bei den beiden vorangehenden Seelen. – Capesius' Seele nimmt die Worte der Philia ganz auf, indem er spricht:

Es soll die Weisung, welche du mir gibst,
Mich führen, wenn Saturn mir leuchten wird.

Drei Seelen haben wir bei der Bildung ihrer Erdenpersönlichkeit belauscht. Felix Balde bildete seine Seele aus im Verhältnis zu Lucifer und zu den Nebelwesen des Hilarius. Strader formte sich seine Seele durch die Seelenkräfte im Zusammenhange mit den Nebelgnomenwesen. Zu ihnen setzte er die Sonnenkönigskraft seiner Ich-Wesenheit in Beziehung. Capesius wiederum bildet seine Seele aus durch die Auseinandersetzung mit dem Bilde der Seele Straders. Das Karmische zeichnet sich ab, ist aber ganz in dieser Sonnenzeit auf die Ausgestaltung der eigenen Ich-Wesenheit für das kommende Leben gerichtet. Diese drei Ereignisse werden nun durch ein viertes befruchtet. So wie die Hefe in den Brotteig hinein muß, so führt Lucifer jetzt das folgende Ereignis herauf.

Ich will in diesen Seelen noch erwecken
Den Blick in Welten, deren Licht sie schmerzt,
Bevor sie diese Sonnenzeit mit Kräften
Für spätres Erdensein verlassen können.
Es muß das Leid mit Zweifel sie befruchten.
Ich will berufen jene Seelensphären,
Die sie, zu schauen, nicht erkraftet sind.

Was jetzt veranlaßt wird durch Lucifer, wird auf der Erde Leid erzeugen. Und dieses Leid wird Zweifel hervorrufen; das wird die rechte Spannung in Leben und Seele hereintragen, die alle Kräfte aufruft und fruchtbar macht. Erinnern wir uns dabei an die Zweifelsqualen Straders. An das ungeheure Schwanken in der Seele des Capesius im Suchen nach dem Geistigen. Und erleben wir mit die Zweifel, die in Felix Balde im vierten Drama immer mehr aufsteigen. Was den Zweifel auf der Erde in diesen drei Seelen hervorruft, ist die Wirksamkeit des Benedictus, an dessen Seite wir Maria finden. *Wie* wird aber das Verhältnis des Benedictus und der Maria zu diesen drei Seelen hier durch Lucifer eingeleitet und dann durch den Hüter geordnet?

«(Es erscheinen Benedictus' und Marias Seelen in der Mitte des Gebietes. Benedictus als Gestalt, die wie im Kleinen nachbildet die Konfiguration der ganzen Szenerie. Nach unten geht das Gewand – sich weitend – über in das Blaugrüne; um das Haupt ist eine rot-gelb-blaue Aura zu sehen; das Blau verschwimmt in das Blaugrüne des ganzen Gewandes. Maria als engelartige Gestalt; gelb in Gold übergehend, fußlos mit hellvioletten Flügeln.)»

Mit Benedictus tritt eine Seele auf, die mit dem Geistgebiet eins ist. Die ganze Szenerie spiegelt sich im aurischen

Gewande des Benedictus, nur daß alles in das Grün hinüberschattiert ist. Es ist so, wie wenn mit dem Auftritt der Seele des Benedictus die ganze Szenerie erst wirklich wesenhaft wird. Wie antwortet Benedictus auf den Ruf des Lucifer? Gleich mit den ersten Worten drückt er dieses aurische, mächtige Element aus, indem er nicht von seinem Seelenufer, sondern von seinem Weltenkreis spricht.

> Ihr drückt gewaltig meinen Weltenkreis
> Mit euren dichten erdbeladnen Sphären.
> Wenn ihr den Selbstsinn weiter kraften läßt,
> So findet ihr in diesem Geistessein
> Mein Sonnenwesen nicht in euch erstrahlen.

Das Gewicht der Nebelwesen, das Gewicht der Erdenschuld, die Keimestriebe des Selbstsinns aus Lucifers Licht, das alles hält das Sonnenwesen des Benedictus in der Sonnenzeit dieser Seelen fern von ihnen. Es ist aber von Benedictus aus eine ganz ungewohnte, neue Redeweise. Eigentlich muß man sagen, daß er sich hier zum ersten Mal persönlich ausspricht. Ein solches Wort «Ihr drückt gewaltig auf mein Wesen» ist in den vorangehenden Szenen nie über seine Lippen gekommen. Hier, wo er ganz aus der Geisterwelt heraus spricht als Geist, da spricht Benedictus sich persönlich aus. – Marias Seele weist nun die drei anderen Seelen darauf hin, daß Benedictus ihnen im letzten Leben, das heißt im Mittelalter, fremd geblieben ist. Denn weder der Präzeptor noch der Jude Simon noch der Bergwerksaufseher Kühne haben den damals schon verstorbenen Geist des Benedictus, der die Zierde seines Ordens war, gekannt. Aber in noch älterer Zeit sind sie ihm wohl begegnet. Wir werden es im 8. Bilde erleben. Maria spricht:

> Er war euch fremd, als ihr zum letzten Male
> Das Kleid aus Erdenstoffen tragen mußtet;
> Doch fruchtet noch in eurer Seelenhülle
> Des Sonnen-Wortes-Kraft, mit dem er euch
> In alten Erdenzeiten gütig pflegte.
> Erfühlet eures Wesens tiefsten Trieb,
> So werdet ihr sein Nahen kräftig fühlen.

Die nächsten Repliken zeigen, wie Baldes Seele und Straders Seele jede auf ihre Weise den Eindruck der Seele des Benedictus und sein Wort nicht fassen können. Frau Baldes Seele, die in der Gestalt einer Büßerin hinzutritt, Gewand gelborange, Gürtel silbern, ganz nahe bei der Maria erscheinend, sie durchschaut, warum die beiden diesen Eindruck nicht fassen. In Capesius taucht etwas auf, was aus einem fernen Erdenleben sich augenblicklich in ihm erhellt und dann wieder versinkt. Keiner aber kann das Wesen des Benedictus wirklich ergreifen.

Felix Baldes Seele:

Es tönen Worte aus mir fremden Kreisen,
Doch leuchtend Sein erzeugt ihr Tönen nicht;
So sind sie mir nicht völlig wesenhaft.

Straders Seele:

Ein leuchtend Wesen wirkt am Geistesstrand;
Doch schweigt es mir, so viel ich mich auch mühe,
Den Sinn der Leuchte-Kräfte zu erlauschen.

Frau Baldes Seele:

Ihr Seelen, die jetzt Lucifer berief,
Es hört der Büßer eurer Worte Ton,
Doch leuchtet ihm allein das Sonnenwort;
Sein *Überglanz* ertötet eure Stimmen.
Es schaut der andre euer Sternenlicht,
Doch ist die Sternenschrift ihm unbekannt.

Capesius' Seele:

Die *Sternenschrift*! – dies Wort, – es weckt Gedanken;
Es trägt sie mir auf Seelenwogen zu.
Gedanken, die im fernen Erdensein
Sich herrlich meinem Wesen offenbarten.
– – – – – – – – – – – – – –
Sie leuchten, doch – sie schwinden schon im Werden;
Vergessen breitet düstre Schatten aus.

Die Sonnenzeit im Geistgebiet wird durch den Hüter abgeschlossen «(in symbolischer Kleidung, engelartig, an Benedictus' und Marias Seele herantretend):»

Ihr Seelen, die auf Lucifers Gebot
Dem Kreis der andern Seelen euch genaht,
Ihr seid in meiner Macht an diesem Orte.
Die Seelen, die ihr sucht, – sie suchen euch. –
Sie sollen euch in dieser Weltenzeit
In ihren Sphären nicht gedankenhaft
Mit ihrem Sein berühren; –

Wir haben erlebt, wie diese Seelen sich suchen, sich berühren, aber wie kein gedankenhaftes Verstehen in den Seelen des Balde, des Strader und des Capesius sich erhellt. Der Hüter zieht eine scharfe Grenze, so daß Lucifers Wirken, diese Seelen durch Leid mit Zweifel zu befruchten, sich bilden kann. So fährt der Hüter fort:

hütet euch,
In ihre Kreise euch hineinzudrängen.
Doch wagtet ihr's, es schadet' euch und ihnen. –
Ich müßt' des Sternenlichtes euch entkraften
Und euch von ihnen weltenzeitenlang
In andre Sphärenreiche hin verbannen.

Wir sehen das Schülerverhältnis des Strader und des Capesius zu Benedictus hier veranlagt; auch das ganz freie Verhältnis des Felix Balde zu Benedictus finden wir hier ausgeprägt. Aber es bildet sich in einer Kampfsituation durch einen Impuls Lucifers, der durch den Hüter in seine Schranken gewiesen wird. So sehen wir auch hier zum Schluß wieder, wie die Schicksalsfäden sich andeuten, im wesentlichen aber hier während der Sonnenzeit das Ich seine Gestalt für das kommende Erdenleben ausbildet.

Das Geistgebiet im Farbenlicht des Saturn. Die Schicksalsbildung aus Schulden und Zielen des Ich. Das Ereignis im ägyptischen Tempel. Das 6., 7., 8. Bild

Wir haben gesehen, wie der Weg durch das elementarische Reich in das Geistgebiet eingeschlagen wird durch die Worte der Maria im 2. Bilde:

> Die Geisteskräfte kommen – rufe sie. –
> ...
> Was dir aus abgelebten Zeiten dämmert,
> Erscheint dir dann im Weltenlichte deutlich;
> Und zwingt dich nicht, weil du es lenken kannst.
> Vergleich es mit der Elemente Wesen,
> Mit Schatten und mit Schemen aller Art,
> Auch stell es neben mancherlei Dämonen,
> Und so erfahre, was es wirklich gilt.

Das ist die Sphäre, durch die wir durch das 2., 3. und 4. Bild geschritten sind. Dann richtet Maria ihren Blick auf das, was wir jetzt im 5. und 6. Bild erfahren.

> Doch *dich* ergründe in der Geister Reich,
> Die Urbeginn verbinden andrem Urbeginn,
> Die Weltenkeimeskräften nah sich wissen
> Und Sphärenzielgedanken Richtung weisen.

Wie Johannes sich dann aus der Sphäre der die Verkörperung schaffenden elementarischen Wesenheiten in die Sphäre der Entelechie erhebt, das entnimmt er den letzten 71rten der Andren Philia:

> *Und wachendes Träumen*
> *Enthüllet den Seelen*
> *Verzaubertes Weben*
> *Des eigenen Wesens.*

Im 6. Bilde erleben wir das eigene Wesen des Johannes.

«Geistgebiet in der gleichen Art wie im vorigen Bilde. Die Beleuchtung warm und nüanciert, doch nicht zu hell.»

Das Bild ist also dasselbe, aber die Beleuchtung ist verändert. Der vielen Farben Licht Saturns wird angedeutet, es ist wärmer, dunkler als das Bild der Sonnenzeit. Die Gnomengruppe mit Hilarius ist verschwunden. Dafür erscheinen jetzt links die Sylphen. In der Mitte sehen wir die Seele des Capesius wie im vorigen Bild. Etwas seitlich von ihm die Seele Straders.

«Romanus' Seele (in einer Gestalt, so daß der ganze Oberkörper bis zu den Hüften zu sehen ist, mächtige rote Flügel, die sich so fortsetzen, daß sie um den Kopf zu einer roten, in das Blaue nach außen verlaufenden Aura sich umbilden; steht in der Nähe von Capesius' Seele; Bellicosus' und Torquatus' Seelen sind in der Nähe).»

«Torquatus' Seele (Gestalt bis zur Brust zu sehen, blaue Aura, grüne Flügel).»

«Bellicosus' Seele (Gestalt wie Torquatus' Seele, doch blau-violette Aura, blaugrüne Flügel).»

Es sind also zunächst mit der Seele des Capesius zu Beginn des 6. Bildes diejenigen Seelen versammelt, die mit ihm gemeinsam in der Ritterburg des Mittelalters gewirkt haben. Und die Sylphen sind in der Szene, die dem Menschen in der Verkörperung den Werdesinn schenken, in sein Wachstum hineinbilden, was sie in Ewigkeiten sinnen, das heißt, was sie hier im Geistgebiete aufnehmen und sinnen. Capesius' Seele spricht wieder zuerst von dem Bilde Straders. Immer noch fühlt er sich von dem Bilde entrückt. Kein unmittelbares Leben, kein Gefühlsstrom zieht ihn zu dem Bilde.

> Das Bild, das sich zur Sonnenzeit mir zeigte,
> Das Gnade strahlte, Güte milde wirkte, –
> Es waltet mir im Wesen auch noch jetzt,
> Da andres Weisheitslicht dies Geistgebiet
> Mit vieler Farben Strahlung übergießt.
> Doch kraftet aus dem Bilde jetzt noch mehr;
> Es will, daß ich für künft'ge Erdenzeiten
> Aus ihm mir ziehe, was im Sinnensein
> Die Seele einst mir gab, die sich im Bilde
> Bedeutsam meiner Sphäre offenbart.
> Doch führt mich wirksam kein Gefühlestrom
> Zu dieser Seele hin.

Was also in der Saturnzeit neu hinzutritt, ist, daß Capesius sich aus dem Bilde Straders etwas nehmen soll, was aus dem früheren Leben stammt und für das nächste Leben fruchtbar werden soll. Es kraftet etwas aus dem einen Leben in das andere hinüber. Es kraftet ein Schicksalsstrom aus dem Bilde, der die Ich-Gestalt des einen Lebens mit der des anderen verbindet. – Nun antwortet die Seele des Romanus. Wir haben gesehen, daß Romanus in einer Farbengestaltung seines aurischen Elementes erscheint, die mit der Umgebung gleich ist. Rot, nach außen in Blau übergehend. Er geht sozusagen in seiner Umgebung auf. Und so spricht er auch immer wie jemand, der da zu Hause ist und Bescheid weiß, so daß er das Geschehen am Orte kommentieren kann. Er erscheint tatsächlich wie eine Art Zeremonienmeister der Saturnzusammenhänge. Wie der Erste Zeremonienmeister in der Burg des Mittelalters den Ersten Präzeptor über die tieferen Verhältnisse im Leben der Ritter belehrt hatte, so belehrt Romanus jetzt die Seele des Capesius. Er ruft ihn auf, das Bild des Juden Simon in sich zu erregen. Und mit dem Auftauchen dieses Bildes fühlt Capesius plötzlich, wie das Bild der Seele Straders ihn mit starken Kräften erfassen will. Zugleich aber taucht ihm das Bild des Büßers auf, des Felix Balde. Es heißt dabei in der szenischen Bemerkung, daß Straders Seele verschwindet, wenn die Seele des Felix Balde erscheint. Capesius fühlt, daß er sich diesen Büßer ferne halten möchte. Und Romanus fährt fort:

Er kann hier nur zur Weltensonnenzeit
Sein Werk verrichten; einsam wandelt er,
Von Finsternis umzogen, wenn Saturn
Erleuchter dieses Geistesreiches ist.

Dieser Büßer bleibt einsam dort, wo die Bildung des eigenen Wesens abgeschlossen ist und die Bildung der Schicksalsfäden beginnt. Da fühlt er sich von Finsternis umzogen. Das ist die Stimmung, die wir im 1. Bilde des ersten Dramas an Felix Balde bemerken, wenn er sagt, daß es ihm ungewohnt sei, mit vielen Menschen zu verkehren, und nicht nur ungewohnt. Also auch unsympathisch. – Mit ungeheurer Intensität wirkt jetzt die eine Seele auf die andere. Capesius' Seele spricht:

O, wie mich dieser Büßer jetzt beirrt. –
Es bohren seine Seelenstrahlen brennend
In meine eigene Seelenhülle sich. – –
So wirken Seelen, welche andren Seelen
In tiefste Wesensgründe schauen können.

Nun wiederholt die Seele des Felix Balde mit dumpfer, wie umflorter Stimme Worte, die der Erste Präzeptor zu Kühne in der Burg gesprochen hat. Die ganze Verfehlung seinen beiden Kindern gegenüber taucht in der Seele des Capesius auf. Er fühlt, daß er diese Seele im neuen Leben wird suchen müssen, um sich selbst zu finden. Denn diese Seele kennt ihn gut. Damit verschwindet die Seele des Capesius und von links erscheinen die Andre Philia mit Theodoras Seele, hinter ihr Frau Baldes Seele. Auch in diesem Falle kommentiert der alte Zeremonienmeister Romanus diesen Auftritt. Er weiß genau Bescheid. Er kennt die Seelen, die auftreten,

Torquatus – Romanus

in ihrem Charakter, in ihrer geistigen Qualität. Die Andre Philia nennt er den Geist der Liebe; diese Liebe sei immer der Führer der Theodora und der Frau Balde. Von Theodoras Seele ströme das Licht der Sanftmut aus. Theodoras Seele erscheint engelartig an Gestalt, weiß mit gelben Flügeln und blaugelber Aura. Das ganze Bild erstrahle den Glanz der Schönheit, sagt Romanus, und dieser Glanz der Schönheit lebt im Geistgebiet als Weisheit.

Im Anblick dieses Ereignisses sprechen auch die beiden anderen Bundesbrüder. Torquatus, der ehemalige Zweite Zeremonienmeister, erlebt in dem Erscheinen der drei Gestalten das Bild der Sehnsucht, die er im treuen Geistesbunde zu Romanus hinüberstrahlen läßt. Der Mann, der nur in Gefühlen lebt, äußert sich hier. Auch hier äußert er sich ganz subjektiv. Etwas sehr Merkwürdiges sagt er:

> Des Schicksals Urgewalten haben mich
> Zum Wirken deiner Milde dir gegeben.
> So dienen geistig Seelen andern Seelen.
> Allein erwürbest du zum harten Sinn
> Des Mitgefühles Lebensgabe nie.

Wie erleben wir denn das Verhältnis des Torquatus zu Romanus? Man kann empfinden, daß im Rosenkreuzertempel Torquatus die Liebe, die Milde, das Mitgefühl repräsentiert, Romanus oder Trautmann aber die Tatkraft. Das persönliche Verhältnis der beiden stellt sich aber ganz anders dar. Das Gespräch des Ersten Zeremonienmeisters mit dem Zweiten in der Burg des Mittelalters verläuft so, daß Torquatus sehr unwillig über den Großmeister spricht, der Erste Zeremonienmeister, Romanus, aber auf eine außerordentlich milde und weisheitsvolle Art antwortet. Torquatus ruft sozusagen die Milde in Romanus nicht dadurch hervor, daß er sie von sich auf ihn überträgt, sondern im Gegenteil dadurch, daß er, Torquatus, die Milde nicht besitzt, die Romanus aber an ihm entwickelt. Und ganz ähnlich verläuft auch die Auseinandersetzung im 3. Bilde, der Landschaft, wo Torquatus sehr scharf und ungünstig über Strader urteilt, ganz ohne Milde und Mitgefühl, Romanus aber gerade mit der Seele Straders fühlt. Sein Wesen weist überhaupt immer eine große Güte auf. So können wir mitfühlen, wie in dieser saturnischen, farbennüancierten warmen Zeit die Seeleneigenschaften der Menschen sich ineinander verweben, vermischen und befruchten.

Auch die Seele des Bellicosus kommentiert gleichsam den Auftritt der drei Gestalten. Er wirkt wie ein freundlicher Herold. Es ist charakteristisch, daß die drei Bundesbrüder die Vorgänge im Geistgebiete mehr begleiten. Ihr Dabeisein wird zum Ausdruck ihrer Schicksalsverbundenheit. Bellicosus spricht:

Erkraftet euch zum Geistgehör; – es spricht
Die Seele, die im Licht der Sanftmut strahlt.
Am Glanz Saturns entlockt sich hier den Seelen
Dies Scheinen holder Geistesseligkeit.

Als erste spricht Theodoras Seele. Sie ruft die Seele der Frau Balde auf, Gedankenstrahlen von den Sylphen in das sich verkörpernde Leben des Felix Balde herüberzusenden. Denn er wandelt von Finsternis umzogen durch diese Zeit. Er bleibt eine einsame Sonnenseele in der Saturnzeit. Frau Baldes Seele:

Du Geist im Schein des Büßers, fühle mich;
Empfange Sternenkraft, du Sonnenseele. –
Bis deine Geisteshülle sich entringt
Dem Banne Lucifers, – geleit' ich dich
Durch deine Einsamkeit und trage dir
Die Kräfte zu, die ich von Stern zu Stern
Im Weltall wandelnd für dich sammeln will.

Die beiden Seelen der Baldes waren die Pflegeeltern der Seele der Theodora im Mittelalter. Jetzt erweitert sich für Theodora das Bild der Vergangenheit. Es taucht auf das Bild des Geliebten, in dem sie dann den Bruder erkannte. So erscheinen während ihrer Worte Lucifer und Thomasius' Seele. Theodora spricht:

Vergangnes Erdendenken regt sich glimmend
Am Seelenufer dort ... Ein menschlich Bild ...
So sah ich's erdenhaft; es folgt hieher;
Es widerhallet einst Gehörtes hier:
«Aus Gottessein erstand die Menschenseele;
Sie kann in Wesensgründe sterbend tauchen;
Sie wird dem Tod dereinst den Geist entbinden.

Wir sehen sie alle versammelt in diesem Augenblick, die Bundesbrüder, den Bergwerksaufseher mit seiner Frau, die Pflegetochter und den Bergmann Thomas. Der Bundesspruch der Bundesbrüder vereinte und trennte sie im damaligen Leben. Lucifer fand Einlaß durch die damaligen tragischen Ereignisse. Was so erscheint, bildet nun die Andre Philia im Zusammenhange mit den Sylphen zu Keimen, die im Erdenleben zu Blüten werden. So hatte die Andre Philia ja im 2. Bilde gesprochen. Jetzt spricht sie:

Dies tönend Wesensbild, es trägt hieher
Aus edler Bruderliebe Wirkenskraft,
Die du auf Erden treu entfaltet hast.
Ich will es dir in Seelenkraft verwandeln.
Der Schattenwesen Glimmerlicht empfängt
Das Wort, das ich in deine Seele lenke.
Sie werden dir im Erdensein erregen,
Was sie in Ewigkeiten sinnen dürfen. –

Wir schauen unmittelbar in die Schicksalsbildung von Theodora und Thomasius hinein. Die Andre Philia spricht das Wort der Liebe, das für beide zum Schicksal wird. Und sie fährt fort:

Und du, des Geisterlandes Büßerin:
Die Seelenschritte lenk zu Sternen hin;
Dämonen sehnen sich nach deinem Werk,
Aus dem sie *Phantasie* in Seelen strahlen
Und so dem Erdenleben Flügel schaffen.

Zu Theodora sprach die Andre Philia das Wort der Liebe, zu Frau Balde aber spricht sie ein Wort des Schaffens. Das phantasievolle Schaffen der Frau Felicia, womit sie so viele Seelen auf der Erde beflügelt, sehen wir hier im Keime entstehen. Dämonen aber, elementarische Naturgeister sind es, die ihr beim Schaffen zur Seite stehen. So antwortet Frau Baldes Seele:

Ich folge dir, du meine Seelenschwester,
Du meine Philia, die Liebe schafft,
Von Stern zu Stern, von einem Geist zum andern.
Ich folge dir zu Sternenwelten hin,
Ich trag' dein Wort zu manchen Weltensphären,
Im Geisteswirken *mich* auch selber bildend
Für meine künft'ge Erdenwanderschaft.

«(Felix Baldes Seele, geführt von Frau Baldes Seele, verschwindet langsam; Theodora bleibt starr eine Weile stehen, sieht Johannes' Seele an, dann verschwindet auch sie, ebenso Thomasius' Seele mit Lucifer.)»

Nicht durch Worte, sondern nur durch die Gebärde wird die Vorschau auf das Schicksal Theodoras mit Thomasius angedeutet. Starr blickt Theodora auf Johannes hin. Die Tragödie aus dem dritten Drama steht vor ihrer Seele. Das Böse, was sich im Banne Lucifers bildet, drückt sich im Verschweigen, im Erstarren aus.

Wieder kommentiert und beschließt Romanus' Seele dieses zweite karmische Geschehen, das wir miterlebt haben:

Daß wir an diesem Geistesorte jetzt
Das Wort der Liebe mit dem Wort des Schaffens
Zum Bund sich *einen* sahen, dies erkraftet
In unserm Wesen Keime, deren wir
Im spätern Erdensein bedürftig werden.

«(Romanus', Torquatus', Bellicosus' Seelen verschwinden – es erscheinen Benedictus' Seele und Marias Seele an der Seite des Hüters der Schwelle.)» – Das dritte Ereignis der Schicksalsbildung beginnt. Damit beginnt auch der Höhepunkt der Ereignisse im Geistgebiet. Und auch dichterisch erleben wir einen Höhepunkt in den ganzen Mysteriendramen. – Jetzt erhält die Sprache des Dramas eine andere Qualität. Das Erwachen in der Weltenmitternacht wird dramatisiert. Worte bekommen eine andere Qualität. Was gesprochen werden wird, das wird hinunterreichen bis in das Bewußtsein in der Verkörperung. Mächtig sind darum diese Worte und von unaussprechlicher Innigkeit. Weisheit und Liebe reifen zum Erwachen hinauf. Man hat nur arme stammelnde Worte, um diese Sprache zu charakterisieren. Der Hüter spricht:

Erkennet eure Weltenmitternacht!
Ich halte euch im Bann gereiften Lichts,
Das jetzt Saturn euch strahlt, bis eure Hüllen
In stärkrem Wachen, durch des Lichtes Macht
Euch selbst erleuchtend, ihre Farben leben.

Das Sonnenlicht ist herübergereift zum Lichte des Saturn. Das Erwachen beginnt. Der Hüter hält die Seelen in diesem Lichte fest, bis die Hüllen, die in den Auren und farbigen Gewändern angedeutet sind, ihre inneren Farbqualitäten, ihre Wesenhaftigkeit zum Leben bringen, bis sie erwachen. Man muß über diesem Satze allein meditierend verweilen, um das Ineinanderströmen der Gedanken und Satzbildungen erleben zu können. Der Satz selbst ist wie ein warmes Farbenweben.

Maria spricht:

Die Weltenmitternacht im Seelenwachen? – –

Maria ruft es aus! Das Erwachen tritt in diesem Augenblicke ein! Dann besinnt sie sich. Erinnerung kommt in ihre Seele. An die Mondenzeit auf ihrem Geistesweg vom letzten Erdenleben hinauf ins Geistgebiet erinnert sie sich. Und in dieser Mondenzeit sprach die Sonne das Schicksalswort. Die Sphären sprechen, die Geister sprechen. Schicksalsworte, Schicksalsbildungen sprechen sie aus in dieser saturnischen Zeit. Maria fährt fort:

Es war zur Mondeszeit, da sprach die Sonne
Das ernste Schicksalswort: Die Menschenseelen,
Die Weltenmitternacht im Wachen leben,
Sie schauen Blitze, die im schnellsten Zucken
Notwendigkeiten blendend überleuchten,
Daß Geistesblicke im Erkennen sterben – –
Und sterbend sich zu Schicksalszeichen formen,
Die ewig wirksam sich in Seelen prägen.

Die Schicksalsnotwendigkeiten werden im Geistgebiet von Blitzen erleuchtet, sie werden erkannt, im Erkennen sterben sie und sterbend werden sie zum Zeichen, und dieses Zeichen wird in die Seele eingeprägt und wirkt. Schicksalsbildung! So geschieht es für Seelen, die in der Weltenmitternacht wachen. Die Seelen, die dort schlafen, die finden im Erdenleben nur die Wirksamkeit der eingeprägten Zeichen vor. Die aber so erwachten Seelen, was hören sie als Folge dieser Blitze, dieser Geistesblicke?

Es hören solche Seelen Donnerworte,
Die in den Weltengründen dumpf verrollen
Und rollend jeden Seelenwahn bedrohen.

Eine Stimme der Mahnung, eine Stimme des Gewissens rollt aus diesen Donnerworten. Im 4. Bilde haben wir diese Stimmen erlebt. In der Schau des Johannes Thomasius trat Maria in seiner Gedankenform auf und sprach zu ihm:

Auch mich erblickst du nur als Wahngebilde,
Weil Wunscheswahn dem Schauen sich
verbündet.

Erschüttert antwortete Johannes auf diese Worte:

Ich bin zwar viele Jahre lang bei euch, – –
Doch euch zu suchen, streng gebietet's mir
Verzaubert Weben meines eignen Wesens. –

Was sich in der Weltenmitternacht blitzartig erhellt hatte, das rollt nach als Donnerwort der Mahnung und bedroht den Seelenwahn, das verzauberte Weben durchdringt es und durchbricht, was die wahre Schicksalsbildung verhüllt. – Nun erscheinen Lucifer und Thomasius' Seele wieder. Und damit sind die drei Seelen im Geistgebiet vereint, die dann im Erdenleben auf die intimste Weise zusammen wirken werden. Mit ihnen ist das geistige Wesen des Hüters der Schwelle und das Geistwesen Lucifer. Im Vordergrunde befinden sich die Seelenkräfte. – An dieser Stelle dramatisiert Rudolf Steiner den unmittelbaren Übergang aus der Szene am Ende des 4. Bildes, die Flammen, die in die ewig leeren Eisgefilde stürmen, zu dem Erwachen in der Weltenmitternacht des Geistgebietes. Benedictus' Seele spricht:

Es dringt aus ewig leeren Eisgefilden
Des Mystenfreundes Schicksalsruf zu uns. – –
Wenn wir die Weltenmitternacht erkennen,
Erreichen wir der Seele Geisteskreis.

Wie die Sonne zwischen Untergang und Aufgang am meisten entfernt ist von der Mittagssonne, am meisten verdunkelt ist gegenüber der Tageshelle des Mittagslichtes, so ist die Sonne der Seele, das Ich, am weitesten entfernt von allen Erdenverhältnissen in der Weltenmitternacht. Das spricht ja das Bild dieses Wortes in diesem Zusammenhange. Darum sagt Benedictus, daß das geistige Wesen des Johannes in seinem vollen Umkreis erkennbar wird, wenn es in seiner Weltenmitternacht erkannt wird, was aber gleichbedeutend ist mit dem Erkennen der eigenen Weltenmitternacht durch ihn und durch Maria. Maria spricht:

Die Flammen nahn, – sie nahn mit meinem
Denken –
Von meinem Welten-Seelen-Ufer dort;
Es naht ein heißer Kampf; – mein eignes
Denken, –
Es kämpft mit Lucifers Gedanken;
In andrer Seele kämpft mein eignes Denken, – –

Wie oft haben wir erfahren, daß das Denken der Individualität der Maria in dem Denken der Individualität des Johannes Thomasius kämpft! Schon im Mittelalter erleben wir es, wie die Gedanken des Mönches in dem Bergmann Thomas gegen seinen eigenen Vater kämpfen. «Gedanke wendet von Gedanken sich.» Und in dem Thomasius-Leben sehen wir immer wieder die Gedanken, das Geisteslicht der Maria in Johannes' Seele eindringen. Darum auch die geistige Trennung zwischen dem zweiten und dritten Drama. Und immer wieder erhob sich in der Seele des Johannes der Kampf der Gedanken der Maria mit Lucifer. Erinnern wir uns aber auch an das 2. Bild im dritten Mysteriendrama, wie Johannes gerade sich hingegeben an die Eingebungen Lucifers fühlt, im Schreiben seines Buches, dadurch aber zugleich gefesselt wird an die finstere Kälte Ahrimans. Das wird jetzt ausgesprochen. Und Maria fährt fort:

In andrer Seele kämpft mein eignes Denken, – –
Es zieht das heiße Licht – aus finstrer Kälte, –
Wie Blitze flammt – das heiße Seelenlicht, – –
Das Seelenlicht – im Welten-Eis-Gefilde –.

Wieder ist von Blitzen die Rede! Zuvor war es das Schicksalswort der Sonne zur Mondeszeit, das von Blitzen sprach, Blitzen der Erkenntnis in der Weltenmitternacht. Jetzt wird wieder von Blitzen gesprochen. Aber diese Blitze flammen in heißem Seelenlicht aus dem Eis der Finsternis. Lucifer sagt es:

Erkenn das Licht, – mein heißes Weltenlicht, –
Und schau die Blitze, die dir eignes Denken –
Aus Lucifers *Gewaltenkreisen* schlägt.
Die Seele, der du lang verbunden warst,
Ich bring' sie dir in deinen Blickekreis,
Da du die Weltenmitternacht erlebst.
Du mußt des Suchens Richtung künftig ändern,
Wenn du dich dieser Seele nahen willst. –

Die Blitze, von denen das Sonnenwort spricht, deren Licht Maria jetzt während der Saturnzeit erlebt, sie erhellen eine andere Notwendigkeit, als diejenige ist, die Luzifer jetzt beleuchtet. Durch Zwangsgewalten hatte er auf die Elementengeister gewirkt, auf das Doppelgängerwesen des Thomasius, hatte so in das Leben der Theodora und des Johannes hineingegriffen. Das sehen wir jetzt wieder in seinem Keim entstehen, in der Vorgeburt. Darum sagt Lucifer: «Du muß des Suchens Richtung künftig ändern!» Denn er hat das Schicksal verändert, gewaltsam. Und Lucifer spricht zu Johannes' Seele, die in seinem Bann ist, von seinen Lichtkräften durchdrungen ist:

Du Seele, die du mir hieher gefolgt,
Gebrauch die Lichteskräfte, die Saturn
In ihre Weltenmitternacht erstrahlt. – –

Die Seele des Johannes erscheint als engelartige Gestalt, rosarot, fußlos, mit blauroten Flügeln. Zart, träumend, viel weniger wach als die Seele der Maria, spricht er nun:

Ich fühle Seelen, doch noch brauch' ich Kraft,
Ihr Licht in mir zur Wesenheit zu stärken.
Sind sie mir auch ganz *nah*, so zeugen sie
Doch Denken, das mir nur im Fernen leuchtet.
Wie heb' ich sie zu meiner Geistesschau?

Philia:

Du wirst sie schauen, wenn du schnell ergreifst,
Was sie im Weltenlichte selbst erleuchten;
Doch wenn du schaust, so nütz den Augenblick;
Es schwindet dieses Leuchten bald dahin.

Philia ruft ihn zur Geistesgegenwart auf. Wie erinnern ihre Worte an die Worte des Johannes Thomasius aus dem 1.

Bilde des ersten Dramas, wo er davon sprach, wie er als Maler in die bleibende Gegenwart hereingezwungen hatte, was flüchtig Elementgewalten aus Daseinsgründen zaubern vor die Sinne; wie das Auge schaut auf den Glanz der Dinge, den das Sonnenlicht über sie verbreitet; wie in der wechselnden Luftstimmung sich die Beleuchtung im Umkreis der Natur dauernd ändert. Wie aber kann Johannes' Seele jetzt Bewußtsein erlangen? Johannes' Seele spricht:

Was jenes Führers Seele spricht zum Schüler,
Zur mir so nahen, lieben Schülerseele,
Soll mir beleuchten meinen Seelenkreis.

Das Wort des Benedictus, die Erkenntnisse des Benedictus in der Seele der Maria, sie wurden der Ausgangspunkt für den Geistesweg des Johannes. Jetzt wird das karmische Verhältnis dieser drei Seelen, der Knoten, den Karma wirkt im Weltenwerden, sie werden durchsichtig hier im Geistgebiet. Läßt man aber auch die inneren Qualitäten in der Seele des Johannes zu sich sprechen, so kann man erleben, wie gerade die Unvollkommenheit des Bewußtseins auf der einen Seite, die träumende, hingegebene Seelenhaftigkeit auf der anderen, wie auch die drängende, eilende, schnell zu ergreifende Auffassung des Leuchtens durch Philia – wie das alles zusammen gerade eine Malerseele geboren werden läßt. Auf die wunderbarste Weise fühlt man, wie sich die Qualitäten dieser Kunst in der Seele bilden. – Benedictus spricht zu Marias Seele, daß sie jetzt im Geistgebiet den Willen erzeugen muß, der dann der Wille ihres Erdenlebens sein wird.

In dieser Geistesmitternacht erzeug
Den Willen, den du wieder fühlen willst,
Wenn deiner Form die Erdenkraft ersteht.
Dein Wort, es wird der Freundesseele *leuchten.*

Nun formt Maria das Wort, das Schicksalswort der Weltenmitternacht, sie bildet das Schicksal selbst, das für Johannes sich auf der Erde finden wird. Marias Seele spricht:

So sei im Weltenlicht das Wort erkraftet,
Das ich zur Weltenmitternacht vertrau'
Der Seele, die mir Lucifer gebracht.
Was mir in Seelentiefen teuer ist,
Ich will es schauen, will es schauend sprechen,
Daß dieser Seele sich's zum Tone bilde,
Den sie im Erdensein in ihrem Wesen
Erfühlen und ihn liebend leben mag.

Das Wort soll enthalten, was ihr in den Tiefen ihrer Seele das Teuerste ist. Das will sie schauen und aussprechen als Wort. Dieses Wort aber wird sich zum Tone bilden, zum Grundton der Seele des Johannes in seinem Erdenleben. Und was schaut Maria in den Tiefen ihrer Seele?

Was schaue ich in Seelentiefen jetzt?
Es leuchtet mir erhab'ne Flammenschrift.
Die Liebe zu der Führerseele flammt,
Die mich im Erdensein, die mich im Geist
Durch langer Zeiten Folge hat geleitet;
Die mich stets fand, wenn meines Betens Inbrunst
In Erdgefahr sie sucht', auch wenn sie selbst
In Geisteshöhen weilte; leuchtend hell
Erscheint mir diese Liebe, töne mir
Du Wort der Liebe hin zur andern Seele. – –

Und nun folgen Worte, die dichterisch ein einziges Wunder sind. Das geistige Antlitz, das geistige Wesen des Benedictus wird geschildert. Die Hingabe der Maria in Seligkeit wird ausgesprochen. Die Liebe zu Johannes. Und der Schicksalsbund in voller Verklärung lebt in diesen Worten auf.

Doch welche Flammen weckt das Wort der Liebe?
Sie leuchten milde; und die Milde strahlet
Erhab'nen Ernst; es zucken gnadevoll
Der Weisheit Blitze durch den Weltenäther, – –
Und Seligkeit ergießt sich freudewebend
Durch alle Weiten meines Seelenkreises.
O Zeitendauer, ich erflehe mir:
Ergieße dich in diese Seligkeit,
Und laß den Führer, laß die andre Seele
Mit mir in dir jetzt friedevoll verweilen.

Erinnern wir uns an das Wort des Benedictus im 4. Bilde von der Geistesfriedsamkeit, die Seelenleib werden muß. Das ist der Zustand, in dem der Wunscheswahn überwunden ist, und die Seele den Wahngebilden nicht mehr verfallen kann. Das bedeutet, daß die Wirklichkeit der Weltenmitternacht im Bewußtsein hergestellt wird. – Die Weltenmitternachtsstunde geht vorüber, ihr Ende naht. Der Hüter spricht es aus:

So mögen Blitze jetzt in nichts zerrinnen,
Die grell Notwendigkeiten überleuchten,
Wenn Seelen wach erleben Welten-Norden.
Es soll der Donner seinen Schall verlieren,
Der mahnend rollt zur Weltenmitternacht. –

Nun spricht der Hüter zu Astrid, welche von Maria im 7. Bild des ersten Dramas auch ihr geliebtes Spiegelbild genannt wird. Was wir als Blitze und Donner im Geistgebiet als Schicksalsbildung erlebt haben, das soll Astrid bewahren für Maria, bis im Strome der Zeit ihre nächste Weltenmitternacht die Seele Marias wachend findet. Eben noch sprach Maria von der Zeitendauer. Jetzt spricht der Hüter von dem Strom der Zeit. Zeitendauer? Nicht Ewigkeit. Es ist ein Wort, was sich gleichsam bewegt zwischen Ewigkeit und dem Strom der Zeit. Wir befinden uns ja auf dem Wege aus der Ewigkeit in die Zeit. In dem Strom der Zeit aber wird Maria die Kraft finden, ihre nächste Weltenmitternacht zu erleben. Dann wird sie sich in einem anderen Leben, in einem noch früheren Leben erschauen. Und dann spricht der Hüter ein Gesetz aus, das wir noch nicht verstehen können, das erst in der Folge des dramatischen Ganges verstanden werden kann. Es bildet eine Frage in uns, wie es eine Frage in Maria bilden muß.

Dir, Astrid, sei ein ernst Gebot erteilt:
Bewahre dieses Seelen-Ungewitter,
Bis ihre nächste Weltenmitternacht
Im Strom der Zeit die Seele wachend findet.
Sie soll dann anders vor sich selber stehn, – –
In ältrer Zeiten Bild ihr Selbst erschauen,
Erkennen, wie zum Geisteshöhenflug
Die Schwingen auch im Seelensturz erstarken.
Es darf die Seele *niemals stürzen wollen;*
Doch *muß* sie Weisheit aus dem Sturze holen.

Astrid:

Ich will die Blitz- und Donnerkraft bewahren,
Daß sie im Weltensein erhalten bleiben,
Bis sich Saturn der Seele wieder neigt.

Nun folgen Worte, in denen sich ausdrückt, wie alles, was hier unter Sternen gebildet worden ist, sich in den Strom der Zeit ergießt, ins Erdenleben hinunterstrebt. Marias Seele spricht:

Verweilend fühl' ich Sternenseligkeit,
Betreten darf ich sie im Strom der Zeit.
Ich will im Gnadewalten schaffend leben
Mit diesem langverbundnen Seelenwesen.

Dieses Seelenwesen ist Johannes. Damit das rechte Verhältnis zu dieser Sternenwelt erhalten bleibe im schaffenden Leben mit Johannes, wird Luna dieses Schaffen im Geiste hüten, damit im Erdensein die rechten Früchte daraus reifen können. Jetzt erkennt die Seele des Johannes das Wesen der Maria. Er schaut es als einen Stern unter Sternen. Johannes' Seele:

In meinem Seelenkreise – dieser Stern!
Er leuchtet Seligkeiten, – strahlet Gnade –,
Ein Seelenstern – im Weltenäther –
schwebend; –

Wie während der Sonnenzeit haben sich auch hier in der saturnischen Zeit des Geistgebietes drei Ereignisse abgespielt, dort als Ich-Bildung, hier als Schicksalsgestaltung, denen ein viertes, dissonierendes Geschehen folgt. Auch hier hängt es mit der Wirksamkeit Lucifers zusammen. Es erscheint der Geist von Johannes' Jugend, engelartig, silberlicht. Johannes schaut dieses Wesen seines Wesens indem er spricht:

Doch dort, – im matten Licht, – ein andrer Stern,
Er tönt mir leise; doch ich will ihn hören.

Der Geist von Johannes' Jugend:

Ich nähre deiner Wünsche Sein mit Leben;
Mein Atem wird in deinen Jugendzielen
Erleuchtend kraften, wenn dich Welten locken,
In welche ich dich freudig führen kann.
Verlierst du mich in dir, muß ich den Schatten
Mit wesenlosem Sein mich lebend opfern.
Du Blüte meines Seins, – verlaß mich nicht!

Hier tritt der Geist der Jugend also auf, bevor Johannes diese Jugend durchlebt hat. Engelartig, silberlicht, ein Stern! Johannes wird einmal die Blüte dieser Knospe sein. Wieder hören wir dieses Wort der Andren Philia im Zusammenhang mit den elementarischen Wesen. Wir sehen, wie Rudolf Steiner dramatisierend jedes Motiv nach und nach auflöst, das zunächst rätselhaft erscheint. Man muß die Worte des Geistes von Johannes' Jugend aus diesem Bilde mit jenen aus dem 2. Bilde vergleichen. Dann wird auch diese Gestalt verständlich.

Das Bild endet, indem Lucifer jene Worte spricht, die wir schon aus dem 2. Bilde kennen. Durch Zwangsgewalten, die er auf die Elementengeister ausüben kann, sucht er jetzt den Schicksalsweg zu ändern.

Er wird dich nicht verlassen, – ich erschaue
In seines Wesens Tiefen Lichtbegierden,
Die nicht der andern Seele Spuren folgen. –

Ein Maler muß Lichtbegierden haben, sonst bleibt sein Malen abstrakt. Diese Lichtbegierden werden aber das

7. Bild

gesamte Wesen des Johannes aus seiner geistgewollten Schicksalsbindung herauszerren.

Wenn diese mit dem Glanz, den sie erzeugen,
Im Seelengrunde sich zum Sein erkraften,
Wird er die Früchte, die sie zeugen müssen,
In jenem Reiche nicht vergeuden wollen,
Wo Liebe ohne Schönheit herrschen will.

Damit schließt das Bild. – Die Szene, die jetzt folgt, wurde in den Worten des Hüters rätselvoll angedeutet: Das Bild einer älteren Zeit. Es hieß:

Sie soll dann anders vor sich selber stehn, – –
In ältrer Zeiten Bild ihr Selbst erschauen,
Erkennen, wie zum Geisteshöhenflug
Die Schwingen auch im Seelensturz erstarken.
Es darf die Seele *niemals stürzen wollen;*
Doch *muß* sie Weisheit aus dem Sturze holen.

Das siebente Bild zeigt einen Tempel nach ägyptischer Art. «Die Stätte einer weit in der Zeit zurückliegenden Initiation. Drittes Kulturzeitalter der Erde. Zunächst nur ein Gespräch zwischen dem Opferweisen, dem Schwellenhüter und dem Mysten.»

Der Opferweise ist – wie der Text zeigt – zugleich der König, der Pharao. Es ist die frühere Verkörperung des Capesius. Der Schwellenhüter ist die frühere Verkörperung des Felix Balde, der Myste diejenige der Felicia Balde. Sie sprechen über einen neu einzuweihenden Neophyten, der die frühere Verkörperung der Maria ist. Der einzuweihende Neophyt ist nicht für den inneren Tempeldienst vorgesehen, sondern als Priester soll er der Rater des Königs im äußeren Dienste werden. Der Opferweise, der bis zu einem hohen Grade die Verantwortung für die Einweihung trägt, befragt zunächst den Mysten, dann, nachdem dieser fortgegangen ist, den Schwellenhüter um seine Meinung über den Neophyten. Dann aber offenbart er dem Schwellenhüter seine eigene Meinung über diesen jungen Mann. Er beurteilt ihn scharf und streng.

Ich weiß, daß er nicht würdig ist der Ehre,
Die ihm die Tempeldiener zugedacht.
Sein menschlich Wesen ist mir wohlbekannt.
Ihm ist die Mystik nicht der Herzenstrieb,
Der sich im Menschen regt, wenn geistig Licht
Von oben Seelen gnädig zu sich zieht.
Die Leidenschaft durchwühlt sein Innres stark;
Die Sinnestriebe schweigen ihm noch nicht.

Der Schwellenhüter nimmt den jungen, unschuldigen und unerfahrenen Neophyten in Schutz, der sich nicht anders verhalte, als die Opferlenker und Mystenführer ihn gelehrt haben. Der Opferweise stimmt darin mit ihm überein und sagt, daß die Schuld bei den Führern und Lenken liege. Der Opferweise besitzt allein zu diesem Schwellenhüter das Vertrauen, über die intimsten Geheimnisse des Tempeldienstes zu sprechen. Er sagt zu ihm:

Was wir als mystisch Weihewerk vollbringen,
Bedeutung hat es doch nicht hier allein.
Es geht des Weltgeschehens Schicksalsstrom
Durch Wort und Tat des ernsten Opferdienstes.
Was hier im Bilde sich vollzieht, es schafft
In Geisteswelten ewig wirksam Sein.

Damit schickt er den Schwellenhüter fort. In diesem Verhältnis klingt auf, was Capesius im 3. Bilde zum Ausdruck bringt, wenn er ausspricht, daß Felix Balde sein Vorbild als Mystiker sei. – In einem Monolog spricht der Opferweise nun aus, was ihn innerlich bewegt:

An diesem jungen Mysten liegt es nicht,
Der heute sich der Weisheit opfern will,
Wenn in den nächsten Stunden unrecht Fühlen,
Das seinem Herzen leicht entströmen kann,
In unsre Opfertat erstrahlt und mystisch
Im Tatensinnbild Geistessphären naht,
Aus welchen später unheilvoll die Wirkung
Zurück ins Menschenleben fließen muß.
Die Führer und die Lenker *werden schuldig.*
Erkennen *die* denn noch die Mystenkraft,
Die jedes Wort und jedes Zeichen hier
Geheimnisvoll durchgeistigt, – die auch *wirkt,*
Wenn Seeleninhalt sich in sie ergießt,
Der unheilvoll dem Weltenwerden ist?

Der Opferweise sieht sich vollständig alleine in der genauen intimen Kenntnis der Opfervorgänge. Er kennt die karmische Wirkung, wenn Ungutes in die Geistessphären strahlt. Denn der Schicksalsstrom, den wir eben als Zuschauer in der Sonnenzeit und in der saturnischen Zeit des Geistgebietes erlebt haben, dieser Schicksalsstrom fließt durch Wort und Tat des Opfers. Was aber geschieht für den jungen Mysten selbst? Seine Lehrer schleppen ihn in die Einweihung, in das Opfer hinein, ohne daß er ein wirkliches Bewußtsein dafür hat entwickeln können. Und heilsam kann es ihm erst werden, wenn er es bewußt in sich erleben kann. Für den Neophyten also, so fühlt der Opferweise in tiefer Verantwortung, wird die Einweihung nur ein Unheil sein können.

Im Kreise unsrer Mystenschaft erkennt allein der
Höchste Opferkenner wirklich,
Was mystisch in den Opferformen lebt.
Doch *der* ist schweigsam wie die Einsamkeit;
Denn *so* ist seiner Würde streng Gebot.
Die andern blicken völlig unverständig,
Wenn ich vom Ernst des Opfers ihnen spreche.

Dann besinnt sich der Opferweise auf sich selbst. Wir schauen in das Innerste seiner Persönlichkeit. Einsamkeit ist sein Schicksal. Warum muß er so einsam sein?

So bin ich ganz allein mit meiner Sorge,
Die mich im Innern oft erdrücken will,
Wenn ich den Sinn des Opferortes fühle.
Ich lerne sie fürwahr hier tief erkennen:
Die Einsamkeit am ernsten Geistesort.
Warum bin ich an diesem Ort allein?
Die Seele muß es fragen; – doch der Geist –
Wann wird er *dieser* Seele Antwort geben?

Diese Frage bleibt stehen. Die vier Mysteriendramen sind ein Fragment. Die Antwort erhalten wir nicht. – Damit schließt diese Szene.

Achtes Bild. «Dieselbe Tempelszenerie wie im siebenten Bild; sie ist anfangs durch einen Zwischenvorhang gedeckt, vor dem eine Ägypterin das Folgende spricht. Die Ägypterin ist als eine der vorhergehenden Inkarnationen des Thomasius zu denken.»

Die Ägypterin spricht:

Dies ist die Zeit, in welcher er sein Sein
Dem uralt heiligen Weisheitsdienste weiht, –
Und mir für immer sich entreißen muß.
Aus jenen Lichteshöhn, in die er sich
Mit *seiner* Seele wendet, muß der *meinen*
Der Todesstrahl erscheinen; – ohne ihn –
Ist Trauer nur für mich, Entsagung, Leid
Im Erdenfeld zu finden, – und der Tod – –.

Die junge Ägypterin liebt den jungen Neophyten. Sie ist ihm verbunden. Sie wird durch die Trennung von ihm sterben. Es geschieht ihr das durch den Neophyten, was der Jugendgeliebten des Johannes Thomasius durch seine Geistbeziehung zu Maria geschehen ist. – Von dem jungen Neophyten hatte der Opferweise gesagt:

Die Leidenschaft durchwühlt sein Innres stark;
Die Sinnestriebe schweigen ihm noch nicht.

Liebe verbindet diesen jungen Mann und diese junge Frau. Tempelwände trennen ihre Sinnesleidenschaft. Was tut die Seele dieser Frau?

Verläßt mich *er* in dieser Stunde auch,
Will *ich* mich doch ganz nah dem Orte halten,
In dem er sich dem Geiste anvertraut.
Darf ich mit meinen Augen auch nicht schauen,
Wie er der Erde sich entringen wird – –;
Vielleicht läßt Traumes Offenbarung mich
Im Ahnen geistig jetzt bei ihm verweilen.

Und nun träumt diese junge Frau in ihrer verzweifelten leidenschaftlichen Liebe sich hinüber zu dem Neophyten. Sie träumt sich in einen Opfervorgang, in eine Initiation hinein, zu der sie nur die persönliche Liebe zu diesem jungen Manne antreibt. Sie schleicht sich gleichsam mit ihrer Seele in eine Geistwelt hinein, für die sie durch nichts legitimiert ist. In diese Tragik aber führt sie die Uneinsichtigkeit der Lehrer des jungen Neophyten. Wie der Opferweise geschildert hat, befindet sich der Tempel in einem Zustande wachsender Dekadenz. Die Ägypterin versucht im Träumen für den Geistesgang ihres Geliebten wachend zu werden, kann sich aber dadurch nur selbst wie verzaubert erscheinen. Welche Perspektiven erhält jetzt das Wort der Andren Philia!

Indem jetzt der Vorhang vor dem Tempelinneren aufgeht, wird der Zuschauer gleichsam zum Hellseher. Denn er erkennt in den ägyptischen Priestergestalten die ihm bekannten Persönlichkeiten. Es durchdringen sich dadurch für ihn zwei Inkarnationen. Man kann das Bühnengeschehen selbst nicht real genug nehmen. Was sich zeigt, wird folgendermaßen beschrieben:

«Der Zwischenvorhang geht auf. Man erblickt alles vorbereitet zur Initiation des Neophyten, der als eine frühere Inkarnation der Maria gedacht ist; an der einen Seite des Opferaltars steht der höchste Opferweise, der als eine frühere Inkarnation des Benedictus gedacht ist; an der andern Seite des Altars der Wortebewahrer, eine frühere Inkarnation des Hilarius Gottgetreu; etwas vor dem Altar der Siegelbewahrer, eine frühere Inkarnation der Theodora; dann auf der einen Altarseite nach vorn: der Vertreter des Erdelementes, eine frühere Inkarnation des Romanus; der Vertreter des Luftelementes, eine frühere Inkarnation des

Magnus Bellicosus; ganz nahe dem höchsten Opferweisen der Opferweise, eine frühere Inkarnation des Capesius; auf der anderen Seite der Vertreter des Feuerelementes, eine frühere Inkarnation des Doktor Strader; der Vertreter des Wasserelementes, eine frühere Inkarnation des Torquatus. Vorne Philia, Astrid, Luna und die ‹andre Philia›. Ganz vorn in Sphinxgestalt Lucifer und Ahriman, Lucifer so, daß der Cherub mehr betont ist, Ahriman so, daß der Stier mehr betont ist. Vier andre Priester stehen vorne. Nachdem der Tempelraum mit den Mysten sichtbar geworden ist, eine Weile lautlose Stille; dann führen der Schwellenhüter, eine frühere Inkarnation des Felix Balde, und der Myste, eine frühere Inkarnation der Frau Balde, den Neophyten durch die Pforte links ein. Sie stellen ihn in den inneren Kreis in die Nähe des Altars. Die beiden Einführer bleiben in seiner Nähe stehen.»

Das 8. Bild bildet die Mitte des vierten Mysteriendramas. Sie ist voller Rätsel. Es könnten viele Vorträge darüber gehalten werden. Ich will hier lediglich versuchen, skizzenhaft die Kompositionslinien des gesamten Geschehens mit den Ereignissen dieser Szene zu verbinden.

Der Schwellenhüter:

Aus jenem Scheingewebe, das du Welt
In deines Irrtums Finsternis genannt,
Hat dich der Myste uns hieher gebracht. –

Das ist die Sinneswelt, mit welcher der Bürochef in der ersten Szene ganz zufrieden ist, die aber Hilarius als eine Welt in seinem Werk empfindet, die das Wesentliche nicht enthält.

Es war die Welt aus Sein und Nichts gewoben,
Die dir im Weben sich zum Schein gebildet.
Der Schein ist gut, wenn er vom Sein erschaut;

Das erlebt Hilarius, wenn er die Geistesoffenbarung in das Sinnessein, das Sein in den Schein hineintragen will: dann, empfindet er, ist das Werk *gut* geführt.

Doch du erträumtest ihn im Scheinesleben;
Und Schein vom Schein erkannt, entsinkt dem All. –

Das wird von Johannes durchlebt, daß innerer Wahn auch außen nur Wahn erkennt. Und mit anderen Worten nur tritt die Forderung jetzt auf:

Du Schein des Scheines, lerne dich erkennen.

Die Exposition des Dramas «Der Seelen Erwachen» findet sich in den Worten des Schwellenhüters zum Beginn der ägyptischen Szene.

Nun sprechen die Vertreter der vier Elemente. Die unteren Elemente werden durch den Wortebewahrer, die Seele des Hilarius, kommentiert. Die oberen Elemente kommentiert der Siegelbewahrer, die Seele der Theodora. Zuletzt sprechen die vier Seelenkräfte das Verhältnis der vier Elemente zur eigenen Seele aus. Es geschieht Schritt für Schritt alles, was wir in anderer Form in den drei Landschaftsbildern erlebt haben. – Nun faßt der Opferweise das bisher Geschehene der Kulthandlung zusammen. Es könnte eine Zusammenfassung sein des bis zum 4. Bild hin Erlebten:

Die Seele hat vergessen, was sie war.
Der Elemente Widersprüche haben
Des Irrtums Scheingewebe ihr getilgt;
Der lebt im Streit der Elemente fort.

Nun wird im Fortgange der Opferhandlung ausgesprochen, was den Übergang bilden könnte vom 4. zum 5. und 6. Bilde, beim Übergange aus der elementarischen in die geistige Welt. Der Opferweise fährt fort:

Gerettet hat die Seele nur ihr Wesen.
Und was im Wesen lebt, sie soll es lesen
Im Weltenwort, das aus der Flamme spricht.

Nun sollte der Neophyt die geistige Welt in seiner Weltenschau erleben. Darum spricht der Höchste Opferweise zu ihm weiter:

So lies, du Menschenseele, was die Flamme
Als Weltenwort im Innren dir verkündet.

– – – – – – – – – – – – – –

(Es tritt eine längere Pause ein, während welcher es ganz dunkel wird, – nur die Flamme und die unbestimmten Umrisse der Personen sind zu sehen; der höchste Opferweise fährt nach der Pause fort:)

Und *nun* erwache aus der Weltenschau!
Verkünde, was im Wort zu lesen ist.

Der Ruf des Opferweisen, die allein leuchtende Opferflamme in der sonst immer dunkler werdenden Umgebung, und sein Ruf ‹Und nun erwache aus der Weltenschau!› – tauchen sie nicht wie eine Umwandlung oder vielmehr kosmische Erfüllung des hier Veranlagten auf, wenn der Hüter spricht:

Erkennet eure Weltenmitternacht!

Und dann, als Maria ausruft:

Die Weltenmitternacht im Seelenwachen?

Was in der ägyptischen Einweihung nicht gelingen *sollte*,

wird es nicht Wirklichkeit am Weiheort Saturns, in der warmen Vielfalt seines Lichtes? Dann hat der Opferweise recht, wenn er sagt, daß des Weltgeschehens Schicksalsstrom durch Wort und Tat des ernsten Opferdienstes hindurchzieht.

Nun geht die Handlung so fort, daß auf die Frage des Höchsten Opferweisen an den Neophyten, das Geschaute auszusprechen, dieser schweigt. Dann aber berichtet der Neophyt, währenddessen die anwesenden Mysten mit Ausnahme des Opferweisen einen immer größeren Schrekken über das Gesagte zeigen:

> Gehorchend eurem strengen Opferworte,
> Versenkt' ich mich in dieses Flammenwesen,
> Erwartend hoher Weltenworte Tönen.
> Ich fühlte, wie ich mich vom Erdgewicht
> Mit Lüfteleichtigkeit befreien konnte. – –
> Vom Weltenfeuer liebend hingenommen,
> Erfühlt' ich mich in Geisteswellenströmen.

Seine Seele fühlt sich also aus dem Leibe fortgeführt, und so weit scheint der Vorgang ganz normal verlaufen zu sein. Auf Grund der Worte des Höchsten Opferweisen erwartet man nun eine Weltenschau, eine Schilderung dessen, was aus dem Tönen der Weltenworte, aus dem Kosmos in seine Seele eingedrungen ist. Es geschieht aber das Entgegengesetzte.

> Ich sah, wie meine Erdenlebensform
> Sich außer mir als andres Wesen hielt. –
> Von Seligkeit umhüllt, im Geisteslicht
> Mich fühlend, konnt' ich doch die Erdenhülle
> Mit Anteil nur betrachten, wunscherfüllt. – –

Der geistige Blick des Entkörperten wendet sich um, zurück zu seinem Leibe. Diesen betrachtet er wunscherfüllt. Der Opferweise hatte darauf hingewiesen, daß die Leidenschaften, die Sinnestriebe ihm noch nicht schweigen. Denken wir hinzu, wie die Ägypterin ihre Sehnsucht dem Jüngling entgegenschickt, sich zu ihm hinüberträumt. Beide zieht eine mächtige Liebe nicht in das Licht, nicht in den Tod, sondern in das Erdensein, in den Leib zurück. Also ein ganz besonderer, liebeerfüllter, sehnsuchterfüllter Zustand der im Geiste schwebenden Seele des Neophyten tritt ein, aus dem heraus er den Leib betrachtet. Wie sieht er nun den Leib?

> Ihr strahlten (der Erdenhülle) Geister hoher
> Welten Licht – –;

Es nahten ihr wie Falter, glitzernd hell,
Die Wesen, die ihr Leben regsam pflegten.
Von dieser Wesen Lichtgeflimmer strahlte
Erfunkelnd Farbenspiel der Leib zurück,
Das glänzend nah, erglimmend fern sich zeigt';
Zuletzt im Raum zerstiebend sich verlor.

Die Schönheit des menschlichen Leibes, das Wunder der Leibesbildung aus dem kosmischen Licht heraus, das frohe, glitzernde, beglückende Gestalten der geistigen Wesen an diesem Leibe – das erlebt der Neophyt von außerhalb seines Leibes. Er befindet sich im Licht. Und Liebe läßt ihn im Lichte den Leib so erschauen.

Es keimte mir im Geistesseelensein
Der Wunsch, das Erdgewicht versenke mich
In meine Hülle, daß ich Freudesinn
In Lebenswärme fühlend pflegen könne. – –

In der Seele des Neophyten lebt der Wunsch, das Glück des im Leibe-Lebens empfangen zu dürfen, die Freude, in diesen Tempel der Schönheit eintauchen zu dürfen, der Lebenswärme im Leibe sich hingeben zu können. Der Neophyt ist nicht nur jung. Sein geistiges Erlebnis ist ein menschheitlich jugendliches. Eine Freude lebt in ihm, die man nur am Morgen kennt.

In meine Hülle fröhlich untertauchend,
Empfand ich euren strengen Weckeruf.

Die Handlung ergibt, daß für die Mysten etwas Furchtbares, Frevelhaftes geschehen ist. Der Opferweise bekennt, daß es auf seine Veranlassung hin geschehen ist.

Ich tat, was mir als Pflicht aus höhern Reichen
In dieser Feierstunde auferlegt.
Enthalten hab' ich mich, das Wort zu denken,
Das nach der Sitte mir geboten ist
Und das, von meinem Denken aus, hinüber
Zum Neophyten geistig wirken sollte.
So hat der junge Mann nicht fremdes Denken,
Er hat sein eignes Wesen hier verkündet.
Die Wahrheit hat gesiegt. –

Das eigene Wesen, das Ich hat sich offenbart! Das ist die Wahrheit!

Ihr mögt mich strafen;
Ich mußte tun, was ihr in Furcht erlebt.
Ich fühle schon die Zeiten nahe kommen,
Die aus dem Gruppengeist das Ich befreien
Und ihm das eigne Denken lösen werden.

Es mag der Jüngling eurem Mystenweg
Sich jetzt entringen –. Spätres Erdesein
Wird ihm die Mystenweise sicher zeigen,
Die ihm von Schicksalsmächten vorgedacht.

Die Entscheidung des Opferweisen – Capesius – hat entscheidend dazu beigetragen, daß Benedictus von Marias Wesen sagen darf im 3. Bilde des ersten Dramas, daß sie sich nicht zu früh auf steile Geisteswege begeben hat. Nur darum ist ihr Wesen so harmonisch, so reif geworden. Im entscheidenden Augenblick hat die Seele des Capesius als Opferweiser dieses gelenkt. – Die Mysten rufen nach Strafe und Gericht. Nun aber geschieht etwas, was für die ganze Erdenentwicklung neu ist, und was nur dem Höchsten Opferweisen, dem Opferweisen und dem Neophyten wahrnehmbar wird. Die Sphinxe sprechen. Die beiden Steinbilder von Ahriman und Lucifer sprechen. Ahriman spricht von dem unrechten Fühlen, das in dem Neophyten ans Licht gedrungen ist. Das will er sich nutzen. Lucifer spricht von dem Geisteswunsch, der aus der Lichtwelt auf den Leib heruntergeschaut hat. Den will er sich entführen. Er spricht das Wort der Zukunft aus:

Im Schönen wandelt Schein zum Sein sich um;

Und der Höchste Opferweise faßt den Weltenaugenblick in die Worte zusammen:

Der Geist, er hat die tote Form ergriffen – –;
O Schicksal, du ertönst als Weltenwort – –!

Geist und Materie haben sich in diesem Augenblicke ergriffen. Das Schicksal, das diese versammelten individuellen Menschen ergriffen hat, in ihm ertönt das Weltenwort. – Der dramatische Gang hat im 1. Bilde eine Frage aufgeworfen, zu der eine erste Antwort hier im ägyptischen Tempel abgehandelt wird. Aber diese Antwort ist in diesem Augenblicke die Ankündigung und der Anbruch einer neuen Zeit.

Ich erkennet sich. Das 9., 10., 11. Bild

Die vorangehende Betrachtung hat gezeigt, daß der dramatische Gang vom 1. bis zum 6. Bilde sein Fundament findet in der Opferhandlung des 8. Bildes in Ägypten. Die Frage nach der Durchdringung von Geist und toter Form führt in der Auseinandersetzung mit den vier Elementen und ihren Wesenheiten zur Offenbarung des geistigen Wesens selbst und gelangt bis zu einer prophetischen Vorschau davon, wie das Geistwesen mit Hilfe der Elemente die tote Form der Materie ergreifen wird. Was in Ägypten kultisch veranlagt wurde, wird Schicksal in der Gegenwart. Davon spricht der Opferweise am Ende des 8. Bildes:

Was wir als mystisch Weihewerk vollbringen,
Bedeutung hat es doch nicht hier allein.
Es geht des Weltgeschehens Schicksalsstrom
Durch Wort und Tat des ernsten Opferdienstes.

Das 9., 10. und 11. Bild spielen in einem kleinen, ernst stimmungsvollen Zimmer – wie ein Studierzimmer – im Hause des Hilarius. Im 9. und 10. Bild spielt das Äußere des Zimmers allerdings gar keine Rolle, da wir in beiden Fällen von Anfang bis Ende das Innere der meditativen Welt zuerst der Maria, dann des Johannes erleben. Erst das 11. Bild, das Gespräch zwischen Benedictus und Strader, spielt innerhalb des physischen Zimmers.

Das 9. Bild also führt uns in die Meditation der Maria hinein. Die besondere Ausdrucksweise, daß hier immer wieder von Seelenstern, von Geistesstern, von Seelenufer und Geistesufer gesprochen wird, das haben wir zuerst erfahren in den Szenen der Weltenmitternacht. Und zwar gebraucht die Seele des Johannes den Ausdruck «Stern» da, wo er sich bemüht gegenüber den Wesen von Benedictus und Maria zu erwachen, wo er die Wahrnehmung ihres Wesens sucht: da gebraucht er den Ausdruck ‹Stern›. Ebenfalls gegenüber dem Geiste der Jugend. Und jetzt im 9. Bild gebraucht auch Maria diesen Ausdruck Seelenstern oder Geistesstern, wo sie darum ringt, die Geistwesenheit in der Weltenmitternacht wach zu erfassen, die Geistwesenheit, wie sie sich nach dem letzten Tode und vor der letzten Geburt als Stern in den Sternensphären darstellt.

Maria:

Ein Seelenstern, am Geistesufer dort, –
Er nahet, – nahet mir in Geisteshelle,
Mit meinem Selbste nahet er, – im Nahen –
Gewinnt sein Licht an Kraft, – an Ruhe auch.
Du Stern in meinem Geisteskreise, was –
Erstrahlt dein Nahen meiner Seelenschau?

Mit diesen ersten Zeilen werden wir der physischen Welt wiederum völlig entrückt. Wir fühlen das Selbst in uns. Jetzt naht das Selbst mit dem Seelenstern aus dem Geistgebiet der Weltenmitternacht und dringt in das Geistesufer der Maria ein. Der das Selbst tragende Seelenstern aber ist Astrid:

Erkenne, was ich dir verleihen darf;
Dem Weltenkampf des Lichts mit Finsternissen
Entwand ich deines Denkens Kraft; ich bring'
Sie dir aus Weltenmitternachterwachen
In deine Erdenform getreu zurück.

Maria:

Du, meine Astrid, warst bisher mir stets
Als leuchtend' Seelenschatten nur erschienen;
Was schafft dich mir zum hellen Geistesstern?

Wir erfahren also, daß eine Umwandlung im Geistesschauen der Maria nach der Weltenmitternacht stattgefunden hat. Zwar leuchtend, aber doch schattenhaft war die Erkenntnis der Astrid; nun erscheint sie als Stern. Was hat die Verwandlung bewirkt? Das Erlebnis der Weltenmitternacht! Astrid spricht es aus:

Die Blitz- und Donnerkraft erhielt ich dir,
Daß sie im Seelensein bewahrt dir blieb –
Und du sie wissend jetzt erschauen kannst, –
Erinnernd dir die Weltenmitternacht.

Im Erinnern wird die Weltenmitternacht jetzt erst voll bewußtes Erlebnis. Nicht länger bleibt die Geistigkeit für Maria schattenhaft, verzaubert, sie wird sternenhaft, ungetrübt. Und so ruft Maria in ihrer Meditation aus:

Die Weltenmitternacht! – bevor die Hülle
Zu diesem Erdeleben mir das Selbst
Umschloß; – im Farbenlicht Saturns durchwacht!
Das Erdendenken hüllte mir bisher
Dies Geisterlebnis in die Seelentrübnis; – –
Es steigt empor zur Seelenhelle jetzt. – –

Für Maria ist nun auch für ihr Erdenbewußtsein die Schicksalserkenntnis, von den Blitzen der Geisteswelt erhellt, voll offenbar. Die Donnergewalt dieser Geisteswelt vertreibt allen Seelenwahn, alle Trübnis. Nur Maria spricht es aus, daß sie im Erinnern zur Weltenmitternacht voll erwachen konnte. Für Benedictus selbstverständlich gilt dieses ebenfalls. Johannes aber, wie wir sehen werden, spricht sich anders darüber aus.

Nun wird gegenübergestellt der ewige Augenblick in der Weltenmitternacht dem Augenblicke jetzt, der im Erinnern das ewige Selbst erfaßt. Den Aspekt des Geistgebietes spricht Astrid aus:

Du sprachst im Weltenlichte selbst das Wort:
«O Zeitendauer, ich erflehe mir:
Ergieße dich in diese Seligkeit,
Und laß den Führer, laß die andre Seele
Mit mir in dir jetzt friedevoll verweilen.»

Und Maria spricht aus, was jetzt, aus dem meditativen Bewußtsein hier auf der Erde das Erlebnis von dort Wirklichkeit werden läßt.

Verweile du auch mir, o Augenblick,
Der mir dies Geistgeschehen als Kraft des Selbst
Erschaffen durfte. Rüste meine Seele,
Daß du mir nicht, dem Traume gleich, entschwindest.
Im Licht, das Weltenmitternacht erleuchtet,
Das Astrid mir aus Seelentrübnis schafft,
Vereint mein Ich sich jenem Selbst, das mich
Im Weltenwesen sich zum Dienst erschuf.

Wir haben in dem 5. und 6. Bilde miterlebt, wie das ewige Selbst sich das Ich dieser einen, bevorstehenden Inkarnation bildet. Dieses Ich der einen Inkarnation ist nur ein ganz bestimmter, eingeschränkter Ausdruck des ewigen Wesens, das im Geistgebiete unverhüllt hervortritt. So verrichtet dieses Ich durch eine Inkarnation einen ganz bestimmten Dienst für das ewige Selbst. Und in einer anderen Inkarnation wird ein anderer Dienst für eben dieses selbe ewige Selbst vollbracht. Was in das Schlangenzeichen auf dem Einband dieses Dramas von Rudolf Steiner hineingeschrieben worden ist: Ich erkennet sich, das geschieht im Drama an dieser Stelle, mit diesem Satze:

Im Licht, das Weltenmitternacht erleuchtet,
Das Astrid mir aus Seelentrübnis schafft,

Vereint mein Ich sich jenem Selbst, das mich
Im Weltenwesen sich zum Dienst erschuf.

Nachdem dieses Innerste der Erkenntnis, diese größte Höhe der Erkenntnis erreicht ist – wohin strebt Maria? Wieder taucht das Urthema dieses Dramas auf: Wie die Geistesschau sich dem Sinnensein vereinigt, wie der Geist die tote Form ergreifen kann. Und so spricht Maria weiter nach diesem Erkenntnisaugenblick:

Doch wie erhalt' ich dich, du Augenblick,
Daß ich dich nicht verliere, wenn die Sinne
Um mich die Erdenhelle wieder fühlen?
Denn groß ist ihre Kraft; ertöten sie
Das Geistgeschaute, – ist es oft auch tot,
Wenn sich das Selbst im Geiste wiederfindet.

Wie dem Willen die Wege aus der Geistesschau in das Gebiet der Sinneswelt gewiesen werden können, das ist die Frage, die alle Gestalten in diesem Drama von Anfang an beschäftigt. Wie erfährt *derjenige* Mensch diesen Weg, der allein das volle Bewußtsein der gesamten Zusammenhänge – mit Ausnahme des Benedictus – erlangt hat? Die Frage nach diesem Willenswege ruft Luna herbei:

Bewahre dir, bevor das Sinnensein
Dich wieder träumend macht, die Willenskraft,
Die dieser Augenblick dir schaffen durfte.
Gedenk der Worte, die ich selber sprach,
Als du zur Weltenmitternacht mich sahst.

Und nachdem Maria den Willen der Luna in sich aufgenommen hat, lenkt Luna den schauenden Blick der Maria auf die Worte des Hüters, die dieser in der Weltenmitternacht gesprochen hatte. Damals waren diese Worte für uns im Zuschauen ein Rätsel. Sie führten in die Inkarnation in Ägypten. Jetzt fassen diese Worte das gesamte Ereignis in Ägypten für die Zukunft, beziehungsweise die Gegenwart zusammen:

Es folgte meinem Wort des Hüters Mahnung:
«Du wirst jetzt anders vor dir selber stehn;
In ältrer Zeiten Bild dein Selbst erschauen.
Erkennen, wie zum Geisteshöhenflug
Die Schwingen auch im Seelensturz erstarken;
Es darf die Seele *niemals stürzen wollen*;
Doch muß sie Weisheit aus dem Sturze holen.»

Diese Worte sind es, die Maria nun eindringen lassen in ihre frühere Inkarnation in Ägypten, in die Szene, die wir erlebt haben. Der Hüter der Schwelle tritt hinzu, im Geistgehör zu ergründen, was der Höchste Opferweise zu ihr damals gesprochen hat. Sie hört die Worte des Höchsten Opferweisen vor der Flamme, im Innern das Weltenwort zu erlauschen. Und dieses Wort ruft das Wesen von Benedictus selbst in ihre Seele. Aus dem Schauen des Vergangenen steigert es sich in das hörende Verstehen bis zum wesenhaften Erleben im Wort. Nun erkennt sie, daß sie damals durch die Tat des Opferweisen nicht die Schülerin des Höchsten Opferweisen geworden ist. Aber der Ruf desselben blieb in den Untergründen ihrer Seele lebendig. Sein Wort wirkte weiter. Von diesem Worte spricht Benedictus in der Meditation zu Maria:

Es ließ dich mich als Führer wiederfinden.
Es schafft sich jetzt bewußt gedankenhaft
In dir zum starken Lebensinhalt um.

Immer weiter erhellt sich Maria der damalige Schicksalsaugenblick. Sie erkennt, daß der Opferweise, die frühere Inkarnation des Capesius, unbewußt die griechische Kultur vorausschaute und sich bewußt war, daß die ägyptischen Mysterien sich ihrem Ende zuneigten. Darum enthielt er sich, das Wort hinüberzudenken in die Seele des Neophyten. Die Wahrheit hatte gesiegt. Das spricht Maria in ihrer Meditation weiter aus:

– – – Des schönen Scheines Morgenröte
Erschaut' der Opferweise unbewußt,
Die über Hellas eine neue Sonne
Dem Geistesstrom der Erde vorverkündet'.

Der Neophyt ist der erste Grieche, der den Tempelbau des Leibes von der geistigen Lichtwelt aus erschaut. Nicht länger ist das Materielle die tote Form! Der Geist ergreift diese Form. Die Morgenröte des schönen Scheines geht vor dem Neophyten auf. Unbewußt hat dieses geschaut der Opferweise. Er ist das Werkzeug des Weltengeistes. Wie ungeheuerlich hat sich die Frage des 1. Bildes von Hilarius, wie die Geistesschau sich dem Sinnensein vereinigen könne, vertieft. Es heißt, den Willensweg aus dem gegenwärtigen durch das Geistgebiet in das vergangene Erdenleben finden, es heißt aber auch, den Übergang der ägyptischen in die griechische Kultur finden. Da verbirgt sich das Geheimnis, wie Geist sich dem Stoff vermählt und das dritte Element erzeugt, den Schein. Der elementarische Schein, in dem Materie als Geist sich enthüllen kann. Und wieder neu und unendlich erweitert und vertieft verstehen wir die Worte der Andren Philia:

Und wachendes Träumen
Enthüllet den Seelen
Verzaubertes Weben
Des eigenen Wesens.

Die einzige Bemerkung über die Fortführung der vier Mysteriendramen in ein fünftes Drama, die wir durch Marie Steiner erhalten haben, sagt, daß dieses fünfte Drama in Delphi am kastalischen Quell spielen würde. Wie würde sich auf diesem Untergrunde die Frage des Hilarius dann beantwortet haben? Diese Antwort hat Rudolf Steiner mit sich fortgenommen. Diese Antwort ist nicht nur für das Fragment der Mysteriendramen Zukunft geblieben, auf diese Antwort wartet die gesamte Erde, um eine Zukunft haben zu können.

Nun sucht Maria jene Ägypterin in ihrem gegenwärtigen Dasein zu erkennen. Und sie sagt:

... wie find' ich sie, wenn Sinnensein
Mich wieder träumend macht?

Der Hüter weist sie jetzt auf einen ganz bestimmten Schicksalsweg im Erkennen. Maria kann das Wesen dieser Frau nicht unmittelbar erkennen. Der Hüter zeigt ihr den Weg dazu:

Du wirst sie finden,
Wenn du im Seelenreich das Wesen schaust,
Das sie als Schatten unter Schatten ahnt.
Sie strebt nach ihm mit starker Seelenkraft.
Sie wird es aus dem Schattenreich erst lösen,
Wenn sie durch dich in ihrer Gegenwart
Ihr langvergangnes Erdensein erschaut.

Das Wesen dieser Frau richtet den Blick auf ein anderes Wesen. Sie sucht es. Sie ahnt es als Schatten im Schattenreiche. Zuerst aber muß diese Frau durch die Hilfe der Maria ihre vergangene Inkarnation erkennen, dann kann sie erst das Schattenwesen erlösen. Der Erkenntnisweg selbst wird ein Schicksalsweg. Indem der Hüter und Benedictus verschwinden, schließt das Bild mit wunderbaren, dichterischen Worten der Maria, die Geistesruhe zum Ausdruck bringend, aus der heraus sie vorfühlt, daß sie das volle Geisterwachen erringen wird.

Im 10. Bilde sehen wir Johannes in seiner Meditation. Erinnern wir uns der Szene zwischen Johannes und dem Doppelgänger in der Mitte des 4. Bildes. Da sprach der Doppelgänger zu Johannes:

Ich will mit meiner Kraft dich tüchtig rüsten,
Daß du in dir die Stelle wachend findest,
Die schauen darf, wonach kein Wunsch dich brennt.
Erkrafte dich.

Johannes:

Verzaubertes Weben
Des eigenen Wesens.
Verzaubert Weben meines eignen Wesens,
Verkünde mir, wonach kein Wunsch mich brennt.

Der schauende Blick des Johannes fällt auf die Ägypterin in der Nähe des Tempels. Und Johannes sagt:

Und ihrer denkend, fühl' ich mich erkraftet.
Was wirkt mir dieses Bild? Was hält an ihm
Im Schauen mich wie festgebannt? Fürwahr,
Nicht Anteil ist's, der aus dem Bilde selbst
Sich mir erzwingt; denn trät' es mir als Bild
Im Sinnensein vors Auge, schien' es mir
Nicht inhaltvoll. Was spricht aus ihm zu mir?

Johannes hat die Stelle in sich gefunden, die wachend ist, die fähig ist zu schauen, wonach kein Wunsch ihn brennt. Nicht Wunsch, nicht Anteil breitet Nebel, Wahn über das Bild. Geistesfriedsamkeit bildet ihm den Seelenleib zum Schauen.

Die Stimme der Andren Philia erklingt aus der Ferne. Johannes wiederholt meditierend ihre Worte, die wir kennen. Die Andre Philia tritt an ihn heran, aber er erkennt sie nicht. Er fragt:

Wer bist du, rätselvoller Zaubergeist?
Du brachtest wahren Rat in meine Seele –
Und täuschtest mich zugleich doch über *dich*.

Wieder weiß er nicht, ist es der Doppelgänger, ist es die Andre Philia, wer ist es, der diese Zauberworte zu ihm spricht?

Die Andre Philia spricht:

Johannes, deines Wesens Zwiegestalt,
Du schufest sie aus dir. Als Schatten dich
Umwandeln, muß auch *ich* so lange noch,
Bis du den Schatten *selbst* erlösen wirst,
Dem deine Schuld verzaubert' Leben schafft.

Zweimal schon haben wir diese Aufforderung gehört, im 2. und im 4. Bild. Jetzt erklingt sie zum dritten Mal. Wie soll er die Erlösung des Schattens bewirken? Bei der zweiten Ermahnung hatte der Doppelgänger im 4. Bilde gesagt:

Johannes, laß im Schattenreiche leben,
Was dir in deinem Selbst verloren ist.

Johannes sollte den Schatten seiner Vergangenheit nicht länger durch den Wunsch, den Luzifer in ihm bewirkte, in sich festhalten, sondern seinem eigenen Leben überlassen, dem Leben in seinen Seelenuntergründen, damit er die Ziele seiner Jugend in seinem jetzigen Geistwesen verwirklichen könne. Jetzt ist die innere Arbeit des Johannes weitergegangen. Die Andre Philia lenkt seinen Blick auf sein Selbst, worin die Kräfte seiner Jugend leben, die soll er im Geisteslichte lebendig erfassen.

Johannes, such im Geisteslichte lebend,
Was dir in deinem Selbst erhalten ist.

Damals im 4. Bilde fuhr der Doppelgänger fort:

Doch gib ihm Licht von deinem Geisteslicht,
So wird es Schmerzen nicht erleiden müssen.

Jetzt ist alles in das innere Wesen des Johannes hineingerückt. Es ist Kraft in ihm geworden durch die vorangehenden Erlebnisse und Kämpfe. Jetzt kann die Andre Philia zu ihm sagen:

Es wird dir Licht von seinem Lichte geben.
Du wirst in dir dann selbst erschauen können,
Wie du die Schuld im fernern Leben tilgst.

Im 4. Bilde hatte der Doppelgänger die Kräfte von Johannes' Jugend, die dieser durch den Wunsch nach der Vergangenheit festhielt, von ihm gefordert. Er wollte sie dem Geiste von Johannes' Jugend anvertrauen. Vergangenes sollte vergangen sein. Nur die Ziele der Zukunft sollte Johannes sich zu eigen machen. Jetzt aber hat Johannes sich vereint mit diesem Geiste der Jugend. Oder besser gesagt: Wir wohnen diesem Prozeß bei, in dem die Szene sich abspielt. Darum wiederholt die Andre Philia jetzt jene Worte des Doppelgängers aus dem 4. Bilde, aber eben in verwandelter, verinnerlichter Form:

Ich bin in dir, bin deiner Seele Glied;
Die Kraft der Liebe bin ich selbst in dir;
Des Herzens Hoffnung, die in dir sich regt,
Die Früchte langvergangner Erdenleben,
Die dir in deinem Sein erhalten sind;
O schaue sie durch mich, – erfühle mich
Und schau' dich selbst durch meine Kraft in dir.
Ergründe dir des Bildes Wesen, das
Dein Schauen ohne Anteil dir erschuf.

Die Andre Philia trägt ihm die Kräfte seiner Jugend ganz ins Innerste seiner Seele hinein. Und dann fordert sie ihn auf, das Bild zu ergründen, das sich sein Schauen ohne Anteil erschaffen hat: das Bild der Ägypterin. Wieder versenkt sich Johannes in die Meditationsformel, die die Andre Philia ihm immer wieder reicht. Und jetzt steht der junge Myste vor ihm. Wieder wie im Geistgebiet taucht ihm das Wesen der Maria als Stern auf. Er spricht:

Wohin entführt mich dieses Wortes Kraft?
Ein Geistesstern am Seelenufer dort –
Er leuchtet, nähert sich – als Geistgestalt,
Wird nahend heller; – Formen bilden sich; –
Sie sind wie Wesenheiten lebend wirksam; –
Ein junger Myste, – eine Opferflamme,
Des höchsten Opferweisen streng Gebot,
Der Flamme Inhalt sinngemäß zu künden. –
...
Den jungen Mysten sucht die Frau, die sich
Mein Schauen bildhaft ohne Anteil schuf.

«(Maria erscheint als Gedankengestalt des Johannes.)»

Jetzt hat Johannes beide Gestalten erschaut, erst die Frau und jetzt den jungen Mysten. Jetzt spricht das Bild die innere Beziehung aus. Maria spricht in seiner Gedankengestalt:

Wer dachte deiner vor der Opferflamme?
Wer fühlte dich in Weiheortes Nähe?

Johannes selbst schaut, daß die Frau den jungen Mysten sucht. Nun sagt das Bild durch Maria zu ihm: Du bist die Frau. Wunscherfüllt schaute der junge Myste auf den eigenen Leib, aus dem Übersinnlichen herunter. Denn seine Gedanken schwebten zu der geliebten Ägypterin außerhalb des Tempels. Er fühlte ihre Seele, wie sie sich ihm träumend, ahnend näherte. Der Opferweise hatte recht mit seinem strengen Urteil. Das Seelengewebe der beiden Menschen offenbart sich jetzt Johannes. In ihm drückt sich die Form des Fühlens aus, die ihn immer wieder Maria gegenüber ergreift, und die doch Maria nur als Wahngebilde erscheinen läßt. Wie kann er sich von diesem Wahn endlich befreien?

Johannes, wenn du deinen Geistesschatten
Entreißen willst den Seelenzauberwelten,
So lebe Ziele, die aus ihm dir leuchten;
Die Spur, auf der du suchst, sie leitet dich;
Doch mußt du sie erst richtig wiederfinden.

Es weist sie dir die Frau in Tempelnähe,
Wenn sie in dir gedankenkräftig lebt.
Sie strebt, verzaubert unter Schattengeistern,
Dem andern Schatten zu, der jetzt durch dich
Den grausen Schatten schlimme Dienste leistet.

Das Wesen und die Gestalt, ja der ganze Werdegang von Johannes' Jugend bleiben ganz unverständlich, wenn diese nicht als Umbildung des Lebens der jungen Ägypterin verstanden wird. Die Kräfte, die Sehnsuchten, die unerfüllten Liebekräfte der Ägypterin, sie treten in der Jugend des Johannes wieder auf. Der Schatten seiner Jugend ist eine Umbildung des Schattens der Ägypterin. Nun erscheint der Geist von Johannes' Jugend:

Ich will dir künftig stets verbunden sein,
Wenn du die Kräfte liebend pflegen willst,
Die mir im Zeitenschoße treu bewahrt
Der junge Myste jener alten Zeit,
Den deine Seele einst am Tempel suchte.
Doch mußt du auch den Geist in Wahrheit schauen,
An dessen Seite ich dir jetzt erschienen.

Die Jugendkräfte, die Kräfte aus dem früheren Erdenleben in der jungen Ägypterin, sie werden Johannes in fruchtbarer Weise verbunden sein, wenn Johannes sie so sich bewahrt und pflegt, wie Maria das ganze Wesen des Johannes liebt und trägt und führt. Durch sie erfaßt er sein höheres geistiges Wesen im 7. Bilde des ersten Dramas. Sie bleibt ihm Vorbild seines höheren Menschen. Durch ihr Wesen in sich selbst muß er sein ganzes vergangenes Schattenwesen umwandeln. Das bedeutet aber, daß er Maria unverhüllt erkennt, ohne Wunsch, ohne Wahn. So spricht Maria:

Maria, so wie du sie schauen wolltest,
Ist sie in Welten nicht, wo Wahrheit leuchtet.

Die selbstlose, die wunschfreie Erkenntnis als Opferdienst für den Geist, sie wird Johannes alles offenbaren und erhalten, was sein gesamtes Wesen ist.

Mein heilig ernst Gelöbnis strahlet Kraft,
Die dir erhalten soll, was du errungen.

Man kann immer wieder nur staunen über den Metamorphosenreichtum, der Rudolf Steiner zu Gebote steht, wenn er ein schon längst bekanntes Grundthema für die jeweilige neue dramatische Situation umwandelt. So faßt Maria in diesen nächsten Zeilen alles für diesen Augenblick in der

Seele des Johannes zusammen, was wir aus dem gesamten Drama heraus erlebt haben in der Frage der Durchdringung von Stoff und Geist. Zuerst spricht sie von dem Sein der Seele in den Lichtgefilden der Geisteswelt, wo die Sylphen aus der Schönheit und Weisheit jener Welt die Kräfte herunterstrahlen, die das Leben im Irdischen bilden.

> Du findest mich in hellen Lichtgefilden,
> Wo Schönheit strahlend Lebenskräfte schafft;

Dann spricht sie von dem Sein im Erdenleibe, in den Gründen wo die Gnomen schaffen, wo aber auch Ahriman seine Eisgefilde geistig ausbreitet, wo das Ich ein Götterfühlen erkämpft durch eine Liebe, die das Selbst in der Geisteswelt zur Sonnenzeit, zur Saturnzeit erschaut. Im Verzaubertsein das eigene Wesen erschaut!

> In Weltengründen suche mich, wo Seelen
> Das Götterfühlen sich erkämpfen wollen
> Durch Liebe, die im All das Selbst erschaut.

Kein Wort deutet darauf hin, daß Johannes in dem jungen Mysten Maria nun erkannt hat. Der Weg, Maria in Wahrheit zu finden, dadurch sich selbst in Wahrheit zu finden, ist gewiesen. Die Liebe, die in der Ägypterin und in dem jungen Johannes waltete, sie muß hinaufreichen in das Geistgebiet, wo das geistige Schicksal zwischen Benedictus, Maria und Johannes sich gebildet hat. Damit wird auch die Beziehung Marias zu dem jungen Mysten deutlich werden. Was in seiner Meditation aus den Worten der Maria ihn berührt, das verbindet ihn mit der Weltenmitternacht. Nicht sein eigenes Bewußtsein. So hatte es sich in dieser Weltenmitternacht schicksalsmäßig ausgebildet.

Und wie am Ende der Weltenmitternacht tritt auch jetzt Lucifer hinzu und macht seine Gewalt geltend. Lucifer tritt zwischen die Liebe der Maria und des Johannes. Er ruft die Elementengeister auf, die wir kennengelernt haben, die den Menschen verzaubern in seiner Verkörperung. Die ihn vergessen machen können, was sein eigentlich geistiges Wesen und Schicksal ist. Er wirkt durch dieselben Worte, die wir aus Lucifers Reich, dem 3. Bilde des dritten Dramas schon kennen. Benedictus erscheint und spricht:

> Marias heilig ernst Gelöbnis wirket
> In seiner Seele jetzt die Heil-Erstrahlung.
> Er wird dich schätzen, doch dir nicht verfallen.

Die Harmonie, die Einheit des Wesens in Johannes, die Durchdringung seines geistigen und seines Erdenmenschen sind zu weit fortgeschritten, als daß er noch der

Verzauberung Lucifers verfallen kann. Das Celöbnis der Maria hat in seiner Seele heilend gewaltet.

Lucifer:

Ich werde kämpfen.

Benedictus:

Und kämpfend Göttern dienen.

Damit schließt die Meditation dieses Bildes.

Im 11. Bilde finden wir Strader und Benedictus im Gespräch. Der Inhalt desselben ist weder die ägyptische Inkarnation noch die Weltenmitternacht. Beides ist nicht in das Bewußtsein Straders gedrungen. Sein Blick ist unverwandt auf das Werk Gottgetreus gerichtet. – Was als Frage in Strader lebt, sind die Erlebnisse am Abgrund im 3. Bilde. Die Worte Marias haben ihn stark getroffen. Wie soll er verstehen, daß der Geist im Bilde Marias ihn feige genannt hat? Aber Benedictus erklärt ihm, daß, was früher Mut in ihm gewesen ist, jetzt angesichts der neuen Aufgaben, der neuen Lebensstufe Feigheit sei. Das versteht Strader sofort und er erkennt, was er in seiner gegenwärtigen Lebenslage aufzubringen hat. Nachdem Strader Romanus und dem Bürochef erklärt hat, daß er ohne die Geistgefährten niemals in dem Werke arbeiten werde, haben ihm jene beiden jegliche Zusammenarbeit im Werk des Gottgetreu abgesagt:

Ich sehe, da die beiden Männer mir
Das Tatenfeld entreißen, nichts vor mir
Als Leben, dem die Luft zum Leben fehlt.
Daß jetzt mein Geist nicht flügellahm sich zeige,
Bedarf ich jener Tapferkeit, von der
Ihr eben spracht. –

Ohne diesen Plan ist aber das Leben für Strader wertlos. Er soll eigentlich ein Leben leben, daß für ihn Tod bedeutet. Denn auch alles geistige Leben geht für ihn aus Tatgedanken für die Erde hervor.

Ob ich jedoch dazu
Mich stark genug auch zeigen werde, dies
Vermag ich nicht zu sagen, denn ich fühle,
Wie sich die Kraft, die ich entfesseln will,
Zugleich auch gegen mich verderblich wendet.

Die Tatkraft, die er auf das Werk zu wenden sucht, die wendet sich gegen ihn selbst, da, wo er verhindert wird, dem Werk damit zu dienen. Er tötet gleichsam sich selbst, ohne es zu wollen.

Die vorwärtsschreitende Entwicklung von Maria und

Johannes, die wir miterlebt haben, veranlaßt Benedictus, Strader einen Trost zu geben. Das Hindernis, sagt er, das beide bis jetzt abhielt, den Schritt aus dem Mystenleben in das Sinnensein zu tun, es sei nicht mehr vorhanden. Und so würden sich gemeinsame Ziele für ihre und die Tätigkeit Straders finden. Und nun greift Benedictus ein Wort auf, das wir bereits von Strader gehört haben am Ende des 1. Bildes:

Es wird geschehen, was geschehen muß.

Dieses Wort hatte Strader wieder angeführt im 4. Bilde und Benedictus hatte ihm widersprochen. Er sagte ihm, daß dieses Wort nicht gelten könne, wenn in den anderen Seelen sich kein Widerhall desselben finde. Nicht als Führer sei dieses Wort zu nehmen, als inhaltliche Gewißheit, sondern nur als Kräfteschöpfer. Denn es muß in den Willen aufgenommen werden, darf aber nicht die Vorstellung von der Handlung festlegen. Auch jetzt legt Benedictus nicht fest, was geschehen soll. Er sagt lediglich:

Deshalb erwarten wir in Wachsamkeit,
In welcher Art der Geist die Zeichen weist.

Strader besinnt sich auf ein solches Zeichen und spricht es nun Benedictus aus. Es lebt in ihm die Frage, ob der Widerstand von außen der einzige ist, oder ob von ganz anderer Seite her eine Kampfansage an ihn geschieht? Strader berichtet:

Zum Bilde schuf sich mir vor kurzer Zeit,
Was mir als Schicksalswink erscheinen muß.
Ich war in einem Schiff; am Steuer *ihr*;
Besorgen mußte ich das Ruderwerk;
Maria und Johannes fuhren wir
An ihre Wirkensstätte; da erschien
Ganz nah' an uns ein andres Schiff; in ihm
Romanus mit dem Freunde Gottgetreus.
Sie stellten sich uns feindlich gegenüber.
Ich kämpfe gegen sie; – im Kampfe trat
Dann Ahriman an ihrer Seite auf.
Noch schaut' ich mich im harten Kampf mit ihm,
Zur Seite trat mir helfend Theodora.
Dann schwand das Bild aus meinem Geisteskreis. –
Ich wagte vor Capesius und Felix
Einmal das Wort: Ertragen würd' ich leicht
Den Widerstand, der meinem Werke jetzt
Von außen droht; wenn auch an ihm mein Wollen
Zerschellte, – ich vermöchte mich zu halten. –

Ob jenes Bild mir jetzt bedeuten will,
Daß äußrer Widerstand der Ausdruck ist
Für innren Kampf – für Kampf mit Ahriman?
Bin ich für *diesen* Kampf denn auch gerüstet?

Nun wiederholt sich eine Situation für Strader, die wir am Ende des 4. Bildes Maria schon haben durchmachen sehen. Nämlich die Situation, daß das Schauen des Benedictus nicht allmächtig ist. Das bedeutet aber für die anderen Menschen um Benedictus, daß sie sich nicht allein auf ihn, sondern in ihrer Verantwortung für das Ganze auch auf sich selber stützen müssen. Benedictus sagt:

Mein Freund, ich kann in eurer Seele schauen,
Daß dieses Bild noch nicht euch voll gereift.

Nun folgen dreimal die Worte: ich fühle ..., empfinden kann ich ..., erfühlen kann ich .... Nicht Gewißheit, nicht Denken, nicht Schauen, nein, nur ein Gefühl spricht Benedictus aus. Seine Ausdrucksweise bekommt etwas ganz Persönliches, menschlich Begrenztes dadurch. Er sagt:

Ich fühle, ihr vermögt die Kraft zu stärken,
Die euch dies Bild vor Geistesaugen stellte. –
Empfinden kann ich jetzt, daß ihr für euch
Und auch für eure Freunde Kräfte schafft,
Wenn ihr die Stärkung recht erstreben wollt.
Erfühlen kann ich dies; doch wie es sich
Vollziehen wird, verbirgt sich meinem Schauen.

Sein Schauen versagt. Die Wahrheit verbirgt sich diesem Schauen. Irgend etwas macht das Schauen unmöglich. Im 4. Bilde war es Johannes, der mit dem Seherblick davonstürmte in die Eisgefilde. Was schiebt sich jetzt vor seinen Seherblick?

Wie verschieden sind diese drei Bilder in demselben Zimmerchen. Geisteshelle, tiefe Harmonie, erhabene Ruhe kennzeichnet das 9. Bild, die Meditation der Maria. Suchend, tastend, unsicher, aber in tiefer innerer Wärme erlebt Johannes, was Maria in seiner Meditation als geistige Schicksalsperspektive eröffnet. Aber der Schluß seiner Meditation bricht gewaltsam um durch das Erscheinen Lucifers und seine Kampfansage. Wie eine sich aufbäumende Woge, die durch das Hinzutreten des Benedictus bezwungen und abgewendet wird. Das Gespräch zwischen Strader und Benedictus kennzeichnet eine tiefe Tragik. Es ist das menschlichste, einfachste, ergreifendste. Es führt in die Finsternis, in der nichts gewiß bleibt als die beiden aufrecht stehenden Gestalten der Sprechenden.

Straders Tod und Ahrimans Erlösung im menschlichen Denken der Zukunft. Das 12., 13., 14., 15. Bild. Die Komposition und das Siegel des vierten Mysteriendramas.

Ausgehend von der Frage nach dem rechten Verhältnis von Geist und Materie führte der Weg des vierten Mysteriendramas bisher durch das Reich der Elemente in das Geistgebiet, faßte diesen Weg zusammen in der Opferhandlung der ägyptischen Szene, dem Mittelstück des Dramas, und vollendete sich zunächst in dem umfassenden Ich-Erlebnis aus der Weltenmitternacht heraus: bei Maria als voll erwachtes Geisterlebnis, bei Johannes als eine Seelenerfahrung im Erleben des Wesens der Maria, bei Strader als das Erlebnis des Schicksalszeichens am Widerstand der ahrimanischen Welt.

Im 12. Bilde wird dem Geistgebiet, der höchsten Höhe, das Gegenbild der tiefsten Tiefe gegenübergestellt. «Das Innere der Erde. Mächtige Kristallgebilde, durchbrochen von lavaartigen Durchflüssen; das Ganze matt leuchtend, zum Teil durchsichtig, zum Teil durchscheinend. Nach oben rote Flammen, die wie von der Decke nach unten zusammengepreßt werden.» Das Geistgebiet war in Farben erschienen, die sich nach oben rot, zum Teil flammend rot darstellen, nach unten blau, bis blauviolett. Unten eine symbolische Erde. Näher oder entfernter von ihr die farbigen Gestalten der Seelen. Im Inneren der Erde erleben wir wieder rote Flammen nach oben, aber so, daß sie nach unten zusammengepreßt werden. Unter den roten Flammen mächtige Kristallgebilde, durchscheinend und durchsichtig. Nach unten kein Blau oder Blauviolett mehr, sondern schwarze Lava. In diese Szenerie tritt Ahriman alleine hinein. Sein Gewand ist nicht schwefelgelb, wie sonst, sondern mehr kupferfarben, mehr der Glut der oben sich herabpressenden Flammen ähnlich. In dem 6. Bilde waren wir den Sylphen begegnet, in dem 5. Bilde der Sonnenzeit, den Gnomen, deren Wesen Hilarius Gottgetreu, selber wie ein Gnom erscheinend, ausspricht:

> Der Wünsche Nebel ist des Erdensterns
> Ins Geistgebiet geworfner Widerschein;
> ...
> Für dich ist's nur ein flüchtig Nebelweben;

Für sich sind's Wesen, seelendicht sich fühlend.
Auf Erden schaffen sie mit Weltverstand
Im alten formendurst'gen Feuergrunde.

Den Grund, den Schauplatz für die Tätigkeit dieser Wesen haben wir in der Landschaft erlebt; den Feuergrund erleben wir jetzt. Wir haben auch im 5. Bilde gesehen, daß Ahriman sein Wort anschließt an diese Nebelwesen. Jetzt, indem er sich allein auf der Bühne befindet, sagt er:

Es fällt jetzt Wesenszeug von oben her,
Das ich mir nutzen muß. Dämonenstoff
Verrinnt im Formbezirk. –

Was wir durch vielfältige Namen benannt gehört haben, Wesen der Elemente, Dämonen, Schattenwesen, Kräfte, usw., das bezeichnet Ahriman jetzt auf seine Weise. Deutlich aber klingt es an die Worte im Geistgebiet an. Ahriman stößt diese Worte so hervor. Sie bleiben stehen wie ein Aphorismus. Dann fügt er einen neuen Aphorismus hinzu. Was er sagt, ist aber auch wie eine Erläuterung des vorigen. Wesenszeug, Dämonenstoff, jetzt Geistsubstanz.

Ein Mensch erstrebt
Die Geistsubstanz, die er von mir erhalten,
Aus seinem Wesen gänzlich auszutilgen.

Es fällt etwas herunter, was ein Mensch da oben in sich austilgt, aus sich vertreibt. Das sagt Ahriman zwar nicht deutlich, er knurrt es so nebeneinander hervor. Aber das Ganze baut sich dichterisch im bewegten Bilde doch ganz deutlich auf. Was ist aber die Geistsubstanz im Menschen, die Ahriman gibt? Im 4. Bilde der «Pforte der Einweihung» wurde das ausgesprochen. Die Sinneswelt des Menschen, die er mit Leibesaugen sieht, die Festigkeit, die Dichte des Lichtes, die uns als harte Erdensubstanz begegnet, hat Ahriman dem Menschen gegeben. Wie kann aber ein Mensch, der im Leibe lebt, ohne die Substanz des Ahriman leben? – Ahriman sagt weiter, daß er diesen Menschen – dessen Namen nicht genannt wird – bisher habe leidlich inspirieren können, daß aber durch das Erlebnis der Weltenmitternacht durch Benedictus und seine Schüler ihm die Macht über diesen Menschen genommen wird. Darum will er sich jetzt an Strader halten, um auch auf die anderen Einfluß nehmen zu können, die sich selbst immer stärker seinem Einfluß entzogen haben.

Doch Strader wird das Geistgewirr, das als
Natur den Menschen gilt, vielleicht noch nicht
Als meinen Geistestroß durchschauen können;

Und blindes Kraft- und Stoffgespinst vermuten,
Wo ich mit Geistverleugnung geistig schaffe.

Wir erfahren Ungeheuerliches hier im Inneren der Erde. Das ganze Zauberwesen, das wir vom 1. bis zum 4. Bilde durchlebt haben, durch das einmal während der Rede des Torquatus Ahriman hindurchgeschlichen ist, das alles nennt Ahriman seinen Geistestroß. Die gesamte den Sinnen sich offenbarende Natur ist sein Geistesstroß. Und die Geister, die daran arbeiten, sind ihm unterstellt. Er ist der Herr der sinnenfälligen Natur und ihrer elementarischen Wesenheiten mit allen Schatten und Dämonen, die sich dabei gezeigt haben. Darin lebt seine geistige Tätigkeit, die sich nach außen verleugnet und als toter Stoff, als bloße Materie erscheinen will. Jetzt verstehen wir, was mit den Worten Wahngebilde oder Wahn sich offenbart. Wohlgemerkt, dies ist der Aspekt Ahrimans. Die Naturgeister erscheinen aus der Perspektive der Weltenmitternacht ganz anders. Ahriman aber spricht von der Natur so wie ein König von seinem Gefolge, von seinem Troß. – Nun schmiedet er einen Plan, wie er Straders Seele in sein Bereich herüberziehen kann:

Zwar haben ihm die andern viel geschwatzt
Von meiner Wesenheit und meinem Reich;
Doch halt' ich ihn noch nicht für ganz verloren.
Er wird vergessen, daß ihn Benedictus
Halbwissend her zu mir geschickt, um ihm
Den Glauben auszutreiben, daß ich nur
Ein Hirngespinst in Menschenköpfen sei.

Das war im 8. Bilde des «Hüters der Schwelle». Es war das erste Geisterlebnis Straders. Halb erwacht konnte er das Wesen des Ahriman aufnehmen, wie er sich über die zwölf Seelen aussprach, spottend und verhöhnend, und doch in gewisser Weise die Wahrheit zeichnend.

Nur brauch' ich Erdenhilfe, soll ich ihn
In mein Gebiet zur rechten Zeit entführen.
Ich will mir eine Seele jetzt berufen,
Die so gescheit sich dünkt, daß *ich* für sie
Nichts weiter bin als dummer Narrentrug.
Die dient mir zeitenweis', wenn ich sie nutz'. –

Ahriman holt sich nun die Seele des Ferdinand Reinecke und inspiriert diesen mit solcher Klugheit, daß er in der Lage sein wird, Strader zu beweisen, daß sein Mechanismus einen Fehler gedanklicher Art hat, der Mechanismus also nicht scheitert, weil niemand ihn verwirklichen will, sondern man kann ihn nicht verwirklichen, weil er in sich falsch konzipiert ist. Er will Strader an sich selber irremachen, er will ihn brechen. Damit würde er untauglich sein, von Benedictus als «Vorspann» – wie er sagt – gebraucht zu werden. Er würde kein Geisteskämpfer mehr sein können.

Es ist ein eigentümliches Bild. Zuweilen spricht Ahriman mit dieser Seele, dann läßt er sie in ihrer Gescheitheit sich aussprechen, dann ärgert er sich über diese Gescheitheit und nennt sie ein Geschwätz. Dann spricht er wieder für sich selber, allein. Er geht so herum wie eine uralte, greisenhaft verbitterte Gestalt. Mürrisch, mißmutig, zuweilen erscheint er auch zerstreut, dann wieder scharfsinnig zum Erschrecken – wie ein uralter Mann mit Riesengeisteskräften und doch in seiner Isolation tragisch, mitleiderregend erscheinend. Plötzlich sagt Ahriman das Wort:

> Nun hab' ich schon im Schicksalsbuch gelesen,
> Daß Straders Lebenslauf bald abgelaufen.
> Dies kann ja Benedictus nicht erschau'n. – –

Aus dem Munde Ahrimans erfahren wir den Tod Straders. Der Herr der Natur – nach seiner eigenen Meinung – zeigt uns diesen Tod an. Erinnern wir uns, wie in der Imagination des Johannes Thomasius im 4. Bilde des ersten Dramas der greise Strader den Geist der Elemente einen Alten nennt, der in des Naturgebieters Maske so täuschend sich versinnlicht. Es wird Vernunft dich niederzwingen, hatte Strader diesem Alten zugerufen. Und dieser Alte hatte gesagt: «Mich schaut die Menschenseele,/Erst wenn zu Ende ist/Der Dienst, den ich ihr leiste.» Der jugendliche Capesius hatte in dieser imaginativen Welt des Malers ganz anders von diesem Geist der Elemente gesprochen. Geheimnisvolles Wesen, so nannte Capesius ihn. Der Geist der Elemente selbst sagte von sich: Ich habe euch das Selbst gegeben. Hinter dieser Maske verbirgt sich vieles, was mit diesen Andeutungen nach keiner Richtung festgelegt werden soll. Aber es ist eigentümlich, daß für Strader eine solche Verwandtschaft zwischen dem Naturgebieter und dem Herrn der Natur sich auftut. – Nachdem Ahriman nun die Seele Reineckes weggeschickt hat, spricht er für sich allein:

> Der wird mir gute Dienste leisten können.
> Das Mystenlicht auf Erden brennt mich sehr;
> Ich muß dort weiterwirken, ohne daß
> Die Mysten meine Werke offenbaren.

Da erscheint Theodoras Seele im Inneren der Erde und tritt Ahriman gegenüber. Sie ist weiß gekleidet, das Haupt weiß umhüllt, sie erscheint wie ein Engel:

> Du magst an Strader dringen, doch bin *ich*
> An seiner Seite; da er mich gefunden
> Auf lichtem Seelenpfade, ist er mir
> Vereint, ob er im Geistgebiet, ob er
> Im Erdbereich das Leben führen muß.

Wie ein Schrecken sind diese Worte Ahrimans. Seine ganze Hoffnung kann er nun nur noch auf die Untreue Straders zu Theodora setzen:

> Wenn sie ihn wirklich nicht verläßt, so lang
> Er noch auf Erden weilt, wird mir der Kampf
> Verloren sein; doch kann ich wohl noch hoffen,
> Daß er zuletzt sie doch vergessen könnte.

Wir, als ganz menschlich fühlende Zuschauer, empfinden, daß diese Untreue, auf die Ahriman hofft, für Strader niemals möglich sein wird. Denn wir erleben dauernd, wie er mit dem Wesen Theodoras unaufhörlich verbunden ist. Wie kann Ahriman darauf hoffen? Ja, wie kann er so dumm sein, so wenig psychologische Kenntnisse der Seele Straders zu haben? Aber so denkt er nicht, sondern er hofft, sein ganzer Wille lebt im sich Hereinspannen in diese Hoffnung. Er denkt eben nicht menschlich. Auch hier erscheint er greisenhaft, es fehlt ihm «der sichere Blick» – wie Maria einmal im 11. Bilde des zweiten Dramas zu ihm sagt – das Menschenherz des Strader zu durchschauen.

Die letzten drei Bilder spielen alle in einem größeren Empfangszimmer im Hause des Hilarius. Zum dritten Mal geschieht es in diesem Drama, daß drei Szenen hintereinander in demselben Raume stattfinden. In allen drei Bildern handelt das Gespräch von dem Wesen Straders. Jeweils der erste Teil der drei Gespräche findet in der physischen Welt statt; in dem zweiten Teil dringt die geistige Welt herein. Konsequent bis zum Schluß zieht die Ausgangsthematik von Stoff und Geist ihre Linien der Komposition.

Zu Beginn des 13. Bildes sehen wir Hilarius und Romanus im Gespräch. Die geistige Beziehung der beiden Männer ist viel zu tief gegründet, als daß ihre Freundschaft berührt sein könnte davon, daß Romanus den Lebensplan des Hilarius und damit sein Leben zerbrochen hat, indem Hilarius einen Plan verfolgt, den Romanus für undurchführbar ansehen muß. Das Gespräch hat einen eigentümlichen Stil. Beide wiederholen Worte, die uns schon bekannt sind. Sie stammen aus Ahrimans Reich, dem 8. Bilde im dritten Drama und aus dem Sonnentempel des zweiten Dramas, dem 13. Bilde. Sie wiederholen sie in anderer Situation. Das gibt dem Gespräch eine Stimmung des Traditionellen, des Altertümlichen. Eine gewisse Müdigkeit, Mattigkeit legt sich über die Gedanken. Im Geistgebiet haben wir Romanus kennengelernt, als eine Seele, die immerfort das Schicksal der anderen ausspricht. Ähnlich klingen seine Worte hier. Sie scheinen in Tiefen zu loten, die seinem unmittelbaren Bewußtsein gar nicht zugänglich sind. Und so treffen seine Worte, nachdem wir durch Ahriman von Straders baldigem Tode wissen, tief in die Seele:

Ich hab' in meiner Seele wohl durchfühlt
Das Wort vom strengen Hüter an der Schwelle. –
Ich ahne ihn an Straders Seite jetzt.
Ob er ihn *schaut*, ob er ihm unbewußt
Sich naht, ich kann es wahrlich nicht ergründen;

Auf eigentümliche Weise dramatisiert Rudolf Steiner die Todesstunde Straders durch den Mund des Romanus. Er erlebt den Hüter der Schwelle an der Seite Straders.

Im zweiten Teil des Bildes führt der Sekretär Felix Balde und Capesius, die Benedictus aufsuchen wollen, in das Zimmer. Benedictus ist aber von seiner Reise noch nicht wiedergekommen. Auch das ist, nebenbei bemerkt, eine Nüance von Benedictus, die bisher in den Mysteriendramen nicht aufgetaucht ist. Es war nie davon die Rede, daß Benedictus verreist ist. Das Milieu der Dramen wird immer physischer, immer alltäglicher, indem es sich vergeistigt! – Da Benedictus nicht da ist, wünschen die beiden Hilarius Gottgetreu zu sprechen; der Sekretär geht ab, um diesen zu holen. Felix Balde bittet Capesius, ein Erlebnis ihm zu wiederholen, das er ihm gerade berichtet hat. Capesius spricht:

Es war an diesem Morgen, als ich mich
Der Mystenstimmung nahe glauben konnte;
Die Sinne schwiegen; auch Erinn'rung schwieg.
Erwartend lebt' ich nur dem Geistgeschehn.
Es kam zuerst, was mir schon gut bekannt.
Dann aber stand ganz deutlich Straders Seele
In meiner Geistesschau. Erst sprach er nicht;
Ich hatte Zeit, mein Wachen zu besinnen.
Doch bald vernahm ich auch sein Wort ganz klar.

Diese Situation erinnert ganz stark an die Situation im Geistgebiet: Die Seele des Capesius schaute das Bild der Seele Straders. Felix Balde, Capesius und Strader waren als Seelen vereint, wie sie jetzt hier in diesem Gespräch wieder vereint sind. Auch waren sie vereint im 3. Bilde, wo Capesius und Felix Balde sich von Strader wegen ihrer verschiedenen Auffassung des mystischen Weges trennten. Capesius und Felix Balde strebten danach, das mystische Erlebnis nur im Inneren zu haben. Strader erlebte die Geistesschau in Verbindung mit der Tat. Nun berichtet Capesius davon, wie Straders Seele die Worte des Felix Balde über die Mystenstimmung so umwendet, oder deutlicher gesagt, so weiterbildet, daß beide Standpunkte sich vereinigen: der nach innen und der nach außen strebende. Wieder sehen wir die Grundthematik von Stoff und Geist in neuer Metamorphose vor uns! Nun gibt Capesius die genaue Rede der Seele Straders wieder:

«Entfernt euch nicht von wahrer Mystenstimmung»,
So klang es wie aus seinen Seelentiefen.
Dann sagte er, die Worte scharf betonend:
«Erstreben nichts; – nur friedsam ruhig sein;
Der Seele Innenwesen ganz Erwartung – –:
Das ist die Mystenstimmung. – ...»

Soweit stimmen die Worte Straders und die Worte des Felix Balde aus dem 3. Bilde überein. Nun ändern sich die Worte. Felix sagte:

... Wer sie *weckt,*
Der führt sein Innres hin zum Lichtesreich!

Strader spricht jetzt aber:

... Sie erweckt
Sich selbst – ganz ungesucht im Lebensstrom,
Wenn sich die Menschenseele recht erkraftet, –
Wenn sie gedankenkräftig geistig sucht.

Felix Balde hatte darauf hingewiesen:

Das äußre Werk verträgt nicht solche Stimmung.

Strader setzt jetzt dagegen:

Die Stimmung kommt in stillen Stunden oft,
Doch auch im Tatensturm; sie will dann nur,
Daß nicht gedankenlos die Seele sich
Dem zarten Schau'n des Geistgeschehns entzieht.

Felix Balde hatte gerade geltend gemacht gegenüber dem zarten Schauen:

Die Welt, in die ihr *tätig* euch begebt,
In die könnt ihr des Schauens zartes Sein
Nicht tragen, ohne daß es euch zerschmilzt,
Wenn sie an eurer Grenze euch empfängt.

Felix Balde erscheint wie verwirrt von dieser Wiedergabe seiner Worte, er erkennt sie halb, und halb auch nicht. Capesius ist sich viel klarer darüber, daß Straders Seele eine Art Gegensinn dieser Worte wiedergibt. Denn Straders Seele hatte weitergesprochen:

Wer Mystenstimmung aber künstlich weckt,
Der führt sein Innres nur in *sich* hinein;
Er webt sich vor das Lichtesreich fürwahr
Des eignen Seelenwirkens Finsternis.

Felix Balde hatte von der Mystenstimmung gesagt:

Wer sie *weckt*,
Der führt sein Innres hin zum Lichtesreich.

Felix Balde will eine Stimmung erwecken, Straders Seele will die Stimmung aus dem forschenden Suchen sich selbst erwecken lassen. Felix Balde bleibt im Gefühl der Mystik hängen, Strader will im geistig gedankenkräftigen Suchen zum Mystiker werden. – Felix Balde wollte die Mystik nur in sich selber halten, sie aber nicht übergehen lassen in die Tat, in das Leben:

Wenn ihr durch Mystik *dieses* suchen wollt,
Ertötet ihr mit Mystenwahn das Leben.

Strader aber hält der Mystik des Felix Balde gerade entgegen:

Wer durch die Mystik dieses suchen will,
Ertötet sich mit Mystenwahn das Schauen.

Er wendet den Gedanken geradezu um. Er sagt, diese im Innern bleibende Mystik, sie verhindert es, die Wirklichkeit des Geistes zu *schauen*. Die Verbindung mit der Welt der Tat, mit der Welt des Stoffes, ist für Strader Ausgangspunkt seines Forschens, seiner Geistesschau. – Und als die letzten Worte Straders berichtet Capesius:

Es kann der Mensch die Geisteswelt nicht finden,
Wenn er sie suchend sich erschließen will.

Diese Worte stimmen wieder genau überein mit den Worten des Felix Balde. Zuvor aber hatte Felix Balde gesagt:

In eurer Rede tönt der Mystik Stimmung,
Die ich durch viele Jahre streng gesucht,

Strader aber sagt jetzt abschließend:

In jener Seele tönt die Wahrheit nicht,
Die nur durch viele Jahre Stimmung sucht.

Über alles, was Capesius Felix Balde berichtet, kann dieser nur entsetzt sein:

Nichts andres kann dies sein, als meine Worte,
Durch Straders Geistesart verkehrt, in euch
Als schlimmer Mystenirrtum widerklingend.

Nun erscheint dem Capesius die Philia. Auch Felix Balde nimmt an der Erscheinung dieses Wesens teil, kann aber das Folgende nicht erfassen. Mit den Worten der Philia eröffnet uns die Dichtung den Blick in die Weltenmitternachtsstunde. Und es wird offenbar, wie das ganze Gespräch durchtränkt ist von den Ereignissen im Geistgebiet, insbesondere der Sonnenzeit, zum Teil auch der saturnischen Zeit. Philia greift die Rede des Strader auf, indem sie von einem bevorstehenden Geisterlebnis spricht, das Capesius «ungesucht im Suchen» empfangen wird.

Capesius, wenn bald du achten wirst,
Was ungesucht im Suchen sich dir weist,
Wird dich der vielen Farben Licht erkraften;
Es wird dich bilderwesenhaft durchdringen,
Weil dir's die Seelenkräfte offenbaren.
Was deines Selbstes Sonnenwesen strahlt,
Wird dir Saturns gereifte Weisheit dämpfen.

Jetzt folgen Worte der Philia, die aufgreifen, was als Quintessenz im Schicksalsverhältnis von Capesius zu Strader im Geistgebiet gebildet wurde. Dort im 5. Bild hatte Philia gesagt:

Es wird in deine Seelenhülle dann
Des Geistverwandten Bild durch seine Kraft
Des Denkens Wurzeln pflanzen, welche dir
Des Erdenlaufes Sinn enthüllen sollen,
Wenn dieser Stern dich wieder tragen wird.

Im 3. Bilde war Capesius allein auf den Fortschritt gerichtet, den er für seine innere geistige Entwicklung erlebt hatte. Sein Blick war auf die Fähigkeit des Schauens gerichtet. Er sprach nicht vom Denken, durch das er den Sinn des Erdenlaufes würde fassen können. Capesius sagte geradezu, daß er das äußere Leben, das äußere Erdensein noch nicht so durchschaue, daß es sein eigenes Sein geworden ist. Darum konnte er sich noch nicht an dem Werke des Hilarius beteiligen. Er sagte damals:

Ich kann vom Weltensein so viel nur schauen,
Als sich von ihm in *mir* gebildet hat.

Jetzt aber sagt Philia zu Capesius, der in seine Seele gerade die Worte Straders aufgenommen hat:

Es wird sich deinem Schauen dann enthüllen,
Was du als Erdenmensch begreifen kannst.
Ich werde dich dann selbst zum Hüter führen,
Der an des Geistes Schwelle Wache hält. –

Capesius wollte damals zurückhalten, was er als Erdenmensch begreifen kann, um das Schauen nicht zu stören. Jetzt sagt Philia zu ihm, das gerade, was er als Erdenmensch begreifen kann, das wird sich dann seinem Schauen enthüllen. Capesius wollte damals im Innern bleiben und den Weg nach außen meiden. Jetzt durch die Hilfe Straders leitet Philia ihn den Weg aus dem äußeren Begreifen hin zum inneren Schauen.

Um die Sphäre der Sonnenzeit vollends deutlich aufleuchten zu lassen, läßt Rudolf Steiner Felix Balde jetzt genau dieselben Worte wie dort aussprechen:

Es tönen Worte aus mir fremden Kreisen.
Ein leuchtend Sein erzeugt ihr Tönen nicht,
So sind sie mir nicht völlig wesenhaft.

Capesius aber bekräftigt, daß er mit vollem Bewußtsein begriffen hat, was Philia aus der Geistwelt heraus zu ihm gesprochen hat und sagt:

Die Weisung, welche Philia mir gibt,
Sie soll mich führen, daß in Zukunft mir
Im Geiste auch sich offenbaren mag,
Was ich begreiflich schon als Erdenmensch
In meinem Lebenskreise finden kann.

Wie dem Capesius durch sein Denken der Lauf des Erdenseins begreiflich werden wird, das erfahren wir nicht mehr. Es gehört zu den Fragen, die uns nach dem fünften Mysteriendrama hinschauen lassen.

In der Rede des Romanus trat die Seele Straders an die Seite des Hüters der Schwelle. In den Worten des Capesius sprach diese Seele selbst, leibfrei, auf rein geistige Weise. Das 14. Bild gibt uns die Nachricht von seinem Tode, durch den Sekretär, mitten in das Gespräch über Strader und seine Wirksamkeit hinein, das Frau Hilarius mit dem Bürochef führt. «Es starb vor wenig Stunden Doktor Strader», heißt es. Daraus geht hervor, daß Strader am Morgen gestorben ist und diese Szene jetzt am späten Vormittag spielt. Wie die drei Bilder in der Gebirgslandschaft sich vom Morgen über den Mittag nach dem Abend hin bewegen in ihren Stimmungen, so verlaufen auch diese drei Bilder durch den Tageslauf. Die Stimmungen teilen sich deutlich mit. Die letzte Szene, das 15. Bild, kann nur gegen

Abend, vor und nach Sonnenuntergang spielen. Es steht nicht geschrieben, aber ich glaube, daß man es deutlich so empfinden kann.
Frau Hilarius hatte das Wesen Straders geschildert, der Bürochef hatte die Notwendigkeit ausgesprochen, daß der Schicksalsknoten nun zerschnitten werden müsse. Dann kam die Nachricht. Nun bleibt der Bürochef allein zurück und spricht aus, wie er sich ergriffen fühlt von der Wirklichkeit der geistigen Welt. Man muß staunen, wenn man diese plötzliche Wendung durch das Schicksal in der Charakterzeichnung des Bürochefs erlebt, wie Rudolf Steiner die Seele dieses Mannes, des starren Kopfes, der im Fortgang der Handlung der Stein des Anstoßes bleibt, plötzlich aufreißt, nicht allein ihn uns menschlich nahe bringt, sondern eine innere Perspektive seiner weiteren Entwicklung eröffnet, die das allergrößte Interesse für diesen Charakter wachruft.

Aus dem Munde des Bürochefs hören wir wieder ein Wort Straders, das Wort, das er in der ersten Szene gesprochen hat:

«Es wird geschehen, was geschehen muß!»

Nicht als Führer soll dieses Wort gelten, hatte Benedictus gesagt, sondern als Kräfteschöpfer. Wir erleben in diesem Wort Straders Seele weiter fortschreitend, seinem Ziel entgegen, dem Werk hingegeben.

Das letzte Bild zeigt den Sekretär mit der Pflegerin des Doktor Strader im Gespräch. Beide erwarten Benedictus. Die Pflegerin hat einen letzten Brief Straders an Benedictus zu übergeben. Der Sekretär trug im dritten Drama den Namen Friedrich Geist. Die Pflegerin hieß in jenem Drama Maria Treufels und erschien im ersten Drama in der Imagination des Johannes als die Andre Maria, die Seele der Liebe. Die Beiden schildern nun jeder auf seine Weise die Persönlichkeit Straders. Der Sekretär Friedrich Geist schildert die geistige Größe Straders, seine Mystenweisheit, sein Stehen in der Wirklichkeit der Geisteswelt. Die Pflegerin aber schildert, daß das Wesentliche in Strader seine Liebefähigkeit war, Liebe trieb ihn zu dem Werk in der Fabrik des Hilarius, «... seine Lust nach Taten, / Sie war doch Liebe, – die sich viele Formen / Im Leben schafft, um sich zu offenbaren.» – Was hier Rudolf Steiner im dramatischen Gang an Charakterzeichnung gibt, ist einmalig, unfaßlich, nie dagewesen. Durch die drei letzten Bilder hindurch sehen wir die Schilderung Straders so sich vertiefen, sublimieren, durchsichtig werden, und doch wieder durch die Eigentümlichkeit der Menschen, die ihn schildern, sich verhüllen, daß wir im Wechsel die gesamten Zauberkräfte dieses Dramas sich mischen sehen mit der unmittelbaren, unverhüllten Offenbarung des Ich-Wesens. Über dem Gespräch zwischen Sekretär und Pflegerin liegt etwas von einem ganz feinen, ganz liebevollen, aus dem Geiste heraus leuchtenden Humor, da beide so warm, so verehrungsvoll von ihrem Standpunkte aus das Wesen Straders schildern, und doch sein Wesen sich dieser Einseitigkeit leise entzieht.

Nun tritt Benedictus ein, die Pflegerin übergibt ihm den Brief. Und Benedictus fragt:

Und als er diese Worte hingeschrieben,
Wo weilte seine Seele noch zuletzt?

Die Pflegerin:

Erst lebte noch der letzte Lebensplan
In seinem Denken; dann war Theodora
Im Geist mit ihm vereint; erfühlend dies,
Entrang sich seine Seele sanft der Hülle.

Die Linien der Komposition, die Linien der Wortführung sind an dieser Stelle bedeutsam. Schlüssel und Führer im Verstehen der Mysteriendramen, dieser Seelengemälde, muß einem immer wieder ein Wort sein, das Rudolf Steiner in das kurze Vorwort zu diesem Drama hineingeschrieben hat: «Andererseits muß gesagt werden, daß die Art, wie die geistigen Vorgänge sich vor die wahrnehmende Seele hinstellen, zugleich die Disposition und Komposition eines solchen Gemäldes mitenthält.»

Darum geschieht hier immer wieder der Versuch, über diese Kompositionszusammenhänge in das Erlebnis der geistigen Vorgänge einzudringen. Es heißt von Straders Sterben:

Entrang sich seine Seele sanft der Hülle.

Es gibt einen Satz in diesem Drama, der verwandt ist und doch eine wirkliche Polarität bildet. Es ist der Satz des Neophyten im 8. Bilde:

In meine Hülle fröhlich untertauchend.

Wie dieser Satz gesprochen wurde und in *welcher* Schicksalssituation er stand, darin kündete sich eine neue Kulturepoche an. Der Satz von Straders Sterben ist darum bedeutsam, weil er in einen Neubeginn führt, die Morgenröte der griechischen Kultur. Die letzten Worte des Benedictus sind diesem Neubeginn gewidmet.

Nachdem die Pflegerin gegangen ist, liest Benedictus die letzten Worte Straders:

«Mein Feund, da ich zerschmettert fast mich sah,
Erkennend, daß der Widerstand nicht nur
Von außen meinem Schaffen sich erzeugt',
Daß innre Mängel sich im Grundgedanken
Der Arbeit hemmend in den Weg gestellt,
Da schaut' ich wieder jenes Bild, von dem
Ich euch vor kurzem sprach. Doch anders war
Des Bildes Ende dann. Nicht Ahriman
Erstand als Kämpfer mir; ein Geistesbote
Erschien an seiner Stelle, dess' Gestalt
Sich als mein eignes irrtumvolles Denken
Mir deutlich fühlbar gab.»

Der Ahriman des ersten Bildes versteckt sich in dem letzteren. An seiner Stelle kommt ein Geistesbote, von dem wir wissen aus dem 12. Bilde, woher er kommt! Reinecke hat ihn in das Denken Straders hineintransportiert. Was tut nun Strader angesichts dieses Geistesboten? Der Brief lautet weiter:

«Da mußt' ich mich
Erinnern jener Worte, die ihr spracht
Von Stärkung meiner Seelenkräftemacht.
Doch dann verschwand sogleich der
Geistesbote. – »

Der Geistesbote verschwindet wieder. Und nun? Erscheint Ahriman wieder? Was geschieht? – Benedictus fährt fort:

Noch wenig Worte folgen, – sie zu lesen
Vermag ich nicht – ein Chaos deckt sie mir,
Gedankenschleier wirksam webend, zu.

Im 4. Bilde haben wir erlebt, daß Benedictus sagen muß, sein Seherblick erstirbt ihm im Schauen. Im 11. Bilde spricht er zu Strader, daß die Zukunft in Straders Seele sich seinem Schauen verbirgt. Jetzt erleben wir etwas Ähnliches zum dritten Mal, aber in vielfach gesteigerter Form. Nicht das Geistige, sondern das Physische verhüllt sich. Gedankenschleier wirksam webend, breitet sich eine Zauberdecke über dem Brief aus. Alles, was wir an Gespenstererscheinungen, an Spuk, an Wahngebilden und Nebel erlebt haben, steigert sich in diesem Augenblick zu seinem Höhepunkt. Und nun heißt es: «(Ahriman erscheint; Benedictus erblickt ihn.)»

Der Herr der Schatten selbst erscheint. Und Benedictus erblickt ihn, aber erkennt ihn nicht. Das Problem von Stoff und Geist, hier von Erscheinung und Wesen, diese Grundfrage des Dramas steigert sich jetzt zu ihrem Höhepunkt! Benedictus frägt:

Wer bist du, der du dich aus meinem Chaos
Im Seelenkreise schattenhaft belebst?

Ahriman (für sich):

Er schaut mich wohl, doch kennt er mich jetzt nicht.
So bringt er mir noch nicht den Schreckensschmerz,
Wenn ich an seiner Seite wirken will.

Der Geist, der wirkt durch die Furcht, fürchtet sich. Er fürchtet sich vor dem Schreckensschmerz. Straders Seele, in mächtiger Erschütterung, hatte im Anblick Ahrimans ausgerufen:

Ich kann, – betracht' ich dich, – nur – klagen, weinen.

Jetzt spricht Ahriman zu Benedictus, ohne daß dieser ihn erkennt:

Ich kann dir weiter künden, was dir Strader
Vertrauen will zu deinem eignen Heil
Und auch für deiner Schüler Mystenweg.

Benedictus antwortet, indem er zunächst auf den Gedanken Ahrimans eingeht, nicht ihn sogleich zurückweist, nicht einfach frägt, wer bist du? sondern er sagt:

Verbunden wird sich stets mein Mystenkreis
Der Seele Straders wissen, wenn auch ferner
Das Sinnensein die Brücke nicht mehr bildet.
Doch will ein Geistesbote sich uns nahn,
Der sich aus seinen Welten offenbart,
So muß er erst Vertrauen sich erwerben. – –

Benedictus gebraucht das Wort Geistesbote, das auch Strader in seinem Briefe gebraucht hat. Auch im Brief verbarg der «Geistesbote» das wahre Wesen dessen, der dahinter stand. Jetzt verbirgt sich wieder einer hinter diesem Wort «Geistesbote». Wie aber kann die geistige Welt das Vertrauen der Menschen erwerben? Nur dadurch, daß sich die geistigen Wesen der vollen Erkenntnis des Menschen hingeben.

Darum sagt Benedictus:

Er kann es nur, wenn er sich voll erkennbar
In unsrer Geistesschau bezeugen will.

Jetzt nimmt Ahriman das Gefecht auf, der Sophist zeigt sich, der das Denken Verwirrende:

Ihr strebt doch nur die Selbsterkenntnis an;
Dann müßte fremdes Geistessein, das euch
Sich dienstbar will erweisen, eurem Selbst
Als Teil sich erst ergeben, sollt' es nur
Erkennbar euch zur Seite stehen dürfen.

Ahriman sagt, daß er gleichsam erst ein Teil des Benedictus werden muß, damit Benedictus sein nur auf Selbsterkenntnis ausgerichtetes Denken in Gang setzen kann. Er will erst hinein ins Haus. Und wenn er drin ist, wird er seine Macht schon geltend machen. So furchterregend ernst diese hochdramatische Situation ist, ja gerade weil sie es ist, muß man das Grandiose der Gestaltung erleben, wie Rudolf Steiner in diesen Satz Ahrimans einen gewissen Sarkasmus, einen Humor schärfster Art einfließen läßt, wie er uns auch begegnet auf der ganz einfachen Stufe des Märchens, wenn der Wolf an der Türe steht und die sieben Geißlein um Einlaß bittet oder besser, um Einlaß lügt. – Es ist ein Satz, der mit allem, was er sagt, alles in Finsternis verhüllt. Jetzt erst tritt Benedictus gleichsam mit der blanken Waffe seiner Erkenntnis an Ahriman heran:

Wer du auch seist, dem Guten dienst du nur,
Wenn du in dir nicht selber streben willst,
Wenn du im Menschendenken dich verlierst
Und so im Weltenwerden neu erstehst.

Eine ungeheuerliche dramatische Situation ist hier dargestellt. Der Mensch steht dem gefallenen Gott gegenüber. Dieser Mensch hält dem Gott gleichsam das Rosenkreuz entgegen: Du mußt im Menschendenken sterben, wenn du im Weltenwerden neu erstehen willst. Die Geister, die Götter, die dem Guten dienen, die beugen sich demütig diesem Gang, im Menschendenken zu sterben und aufzuerstehen. *Dieses* Rosenkreuz ist das Tor, durch welches die Morgenröte, der Anbruch eines neuen Weltalters sichtbar wird. Das sagt Benedictus mit diesen mächtigen Worten, in denen das Rosenkreuz der Erkenntnis lebt.

Ahriman:

Es ist jetzt Zeit, daß ich aus seinem Kreise
Mich schnellstens wende; denn sobald
sein Schauen
Mich auch in meiner Wahrheit *denken* kann,
Erschafft sich mir in seinem Denken bald
Ein Teil der Kraft, die langsam mich vernichtet.

«(Ahriman verschwindet.)»

Benedictus:

Jetzt erst erkenn' ich Ahriman, der selbst
Von hier entflieht, doch seines Wesens Kunde
Gedankenhaft in meinem Selbst erschafft.
Er strebt das Menschendenken zu verwirren,
Weil er in ihm die Quellen seiner Leiden
Durch einen altvererbten Irrtum sucht.
Er weiß noch nicht, daß ihm Erlösung nur
In Zukunft werden kann, wenn er sein Wesen
Im Spiegel dieses Denkens wiederfindet.

Stoff und Geist waren die Ausgangspunkte dieses Dramas. Denkende Durchdringung der sinnlichen Wahrnehmungswelt ist auf allen Wegen dieser Mysteriendramen der Ausgangspunkt jeder weiteren Erkenntnis gewesen. Jetzt wird nichts Geringeres als die Erlösung Ahrimans, der die Sinneswelt gebildet hat, im Spiegel des menschlichen Denkens ausgesprochen. Das verzauberte Weben von Ahrimans Wesen soll sich dem wachenden Denken enthüllen. In einem wachenden Träumen hatte das Wesen Ahrimans sich Strader gezeigt im 8. Bilde des dritten Dramas. «In deinen rauhen Worten klinget Schmerz / Aus dir»; hatte Strader ausgerufen, «und Schmerz sind sie in mir auch selber.» Aber es war noch kein gedankenkräftiges, voll erwachtes Geistesschauen. Und doch muß man im 8. Bilde den Keim dazu in Straders Wesen erkennen. Denn etwas von dem Wesen hat sich offenbart, worüber Benedictus so weiterspricht:

So zeigt er sich den Menschen wohl; doch nicht
Wie er in Wahrheit wesenhaft sich fühlt.

Strader fühlte, was Ahriman fühlt, denken konnte er es noch nicht.

Sich offenbarend, doch sich auch verbergend,
Versuchte er des Augenblickes Gunst
Bei Strader jetzt in seiner Art zu nutzen.
Er wollt' in ihm auch dessen Freunde treffen;
Doch wird er Schülern meines Mystenwerkes
Sein Wesen künftig nicht verhüllen können. –
Sie sollen ihn in Wachsamkeit auch denken,
Wenn er in ihrem Schauen walten wird. – –

Das ist die Zukunft, die bevorsteht: Die Vielfalt der Verzauberungen, in denen Ahriman sich verbirgt, durch die er aber auch das Wesen des Menschen selbst und das Wesen der Geistwelt verbirgt, denkend zu durchdringen.

Sie sollen seine vielen Formen deuten,
Die ihn verbergen wollen, wenn er sich
Den Menschenseelen offenbaren muß.

Und nun schließt Benedictus das letzte Mysteriendrama mit Worten, die vielleicht die mächtigste Metamorphose des Themas von Stoff und Geist darstellen. Denn hier ist das Thema umgewandelt in das karmische Verhältnis von Benedictus und seinen Geistesschülern. Strader, der Ingenieur, war es, der im Bilde das Ruderwerk führte, um Maria und Johannes zur Arbeitsstätte zu fahren. Er war von Hilarius vorgesehen, die technische Umstellung des Werkes zu besorgen. Der Tod läßt ihn als Geistesstern erscheinen. Und zum Werke auf der Erde werden Maria und Johannes sich rüsten. Straders Seele bleibt unverändert dem Werke getreu. Aber die Verteilung der Aufgaben und die Bedeutung der Menschen für diese Aufgaben ist durch das Schicksal umgewendet worden. Alles, was sich durch das Drama aufgebaut hat, webt sich ineinander, wie das Thema einer Symphonie sich am Schluß nach unendlichen Verwandlungen und Steigerungen zur höchsten Höhe entfaltet und zugleich zur größten Einfachheit wieder versammelt.

Du aber, Straders sonnenreife Seele,
Die du durch Stärkung deiner Geisteskräfte
Den Irrtumsboten zum Verschwinden zwangst,
Du wirst als Geistesstern den Freunden leuchten,
Du wirst Marias und Johannes' Sein
Mit deinem Licht in Zukunft stets durchdringen;
So werden sie durch dich noch stärker sich
Zu ihrem Geisteswerke rüsten können
Und sich als Seelenlichtes Offenbarer
Gedankenkräftig auch noch dann bezeugen,
Wenn über vollerwachtes Geistesschauen
Der finstre Ahriman, die Weisheit dämpfend,
Des Chaos Dunkelheit verbreiten will.

In diesen letzten Worten des Benedictus liegt der Keim einer Entwicklung, in deren Verlauf wir nicht nur eine Auflösung der Fragen dieses Dramas, sondern der Fragestellung aller vier Dramen ahnen können. Um es auf den einfachsten Anfang zurückzuführen: Nur auf diesem Wege läßt sich endlich an Stelle der Jugendfreundschaft von Sophia und Estella auch eine gereifte, in sich gegründete Altersfreundschaft denken.

Zum Schluß dieser Betrachtungen möchte ich noch den Blick auf den Gesamtaufbau der vier Dramen und auf das Siegel dieses letzten Dramas lenken. Wenn ein Dichter einen Stoff aus der physischen Welt in Arbeit nimmt, so muß er diesen Stoff zuerst durch vieles Hineindenken, Überschauen, Durchfühlen dahin bringen, daß sich ihm die Disposition und Komposition desselben aufbauen. Wie schon angeführt, zeigt Rudolf Steiner, daß die Disposition und Komposition eines Geschehens, das der geistigen Welt entnommen ist, die *Art* offenbart, wie das Geschehnis sich der geistigen Wahrnehmung dargestellt hat. Der Stoff der irdischen Welt muß seine Formung erst aus der geistigen Durchdringung erhalten. Der «Stoff» der geistigen Welt ist eins mit seiner Form. Form und Geist sind eines. Wer sich in die Gestaltung der Mysterienvorgänge wirklich hineinlebt in diesen Dramen, der lebt innerhalb ihrer Vorgänge, nicht außerhalb. Das *Wie* der Gestaltung der Mysteriendramen enthält das *Was* seiner Geistigkeit in sich. Liest man diese Mysteriendramen nur inhaltlich, rein intellektuell, so bleibt man außerhalb seiner Geistigkeit stehen. Denn das *Wie* ist in gewisser Weise ein tieferes *Was*. Die Kunst allein vermag im Sinnlichen das Geistige gegenwärtig zu haben. Oder: wo in der Verzauberung des Sinnenseins das geistige Wesen sich offenbart, da ist Kunst.

Der Aufbau des ersten Mysteriendramas zeigte sich uns als ein fugenartiger: eine erste Szenenfolge, die sich als wachsende Lichtereignisse darstellte, als Erleuchtung, spiegelte sich in einer zweiten Folge als Wärmegeschehnisse, als Geisteswirken. Ein Aufbau in der Spiegelung.

Die Lebensbilder des zweiten Dramas bauen sich um eine Symmetrieachse auf, wie ein lebendiger Organismus. In der Mitte steht das Lebensbild der mittelalterlichen Inkarnation, ein- und ausgeleitet in der Naturumgebung einer Landschaft. Die Exposition geschieht in vier Innenräumen; der Abschluß in zwei Innenräumen und dem Sonnentempel, der zugleich das ganze Geschehnis umfaßt. Das geistige Wesen des Menschen gestaltet sich im lebendigen Bilde plastisch aus.

Der Aufbau des dritten Dramas ist deutlich ein streng symmetrischer. Die ersten beiden Bilder spielen im Vorhof des Rosenkreuzertempels, das 10. und letzte Bild innerhalb dieses Tempels. Das Reich des Lucifer steht dem Reich des Ahriman gegenüber und zwischen beiden spielt das Reich des Lucifer und Ahriman. Die Geschehnisse des 4. und 5. Bildes mit den Schicksalen Theodoras und Straders zeigen ihre geistige Seite im 7. Bilde, in dem Johannes mit Maria vor dem Hüter der Schwelle steht. Wie die Handlung des 2. Bildes aus dem Leibe herausführt in das Geistgebiet, so finden wir nach den übersinnlichen Szenen Thomasius, Capesius und Strader sich im Leibe wiederfindend. Maß und Zahl ordnen die Ereignisse wie sich durchdringende Tonsphären, zum Teil polyphon sich bewegend, zum Teil akkordlich sich durchdringend. – Während so der Aufbau des ersten Dramas sich durch Spiegelung darstellt, der des zweiten Dramas plastisch, erlebt sich der Aufbau des dritten Dramas durch und durch musikalisch. Dieses Drama zeigt Wohnorte der Menschen und Wohnorte der Geister. Wohnorte der Menschen sind das 1., 2., 4., 5., 9., 10. Bild, wobei das Zentrum des Wendepunktes im 5. Bilde liegt. Wohnorte der Geister sind das 3., 6., 7. und 8. Bild mit der Wende im 7. Bild vom Hüter der Schwelle. Diese beiden Sphären setzen in ihrem Ineinanderwirken das Rad der Handlung in Bewegung. Sie durchkreuzen sich unablässig wie die Speichen eines Rades, die im Zentrum senkrecht aufeinanderstehen und dieses Zentrum mit der Peripherie des Rades zusammenhalten. Die Verhältnisse des «Hüters der Schwelle» nach Maß und Zahl können nicht klarer ausgedrückt werden, als es durch das Siegel geschieht.

Das vierte Drama zeigt folgenden Aufbau: Das 1. Bild, das Comptoir Gottgetreus, steht in Beziehung zu den letzten drei Bildern, dem 13., 14., 15. Bild, einem Empfangszimmer im Hause des Hilarius. Es sind physische Zimmer, in denen Gespräche geführt werden im Tagesbewußtsein. Im 1. Bilde soll Strader seinen Geist dem Werke geben, in den letzten drei Bildern sehen wir Straders Geist durch den Tod von seiner physischen Wirksamkeit im Werk getrennt. Das 2., 3., 4. Bild in der Gebirgslandschaft, sie stehen in Beziehung zu dem 12. Bild im Inneren der Erde, wo Ahriman die Natur seinen Geistestroß nennt. Die Erlebnisse des 5. und 6. Bildes im Geistgebiet werden verinnerlicht und verarbeitet im 9., 10. und 11. Bild. Das 7. und 8. Bild im ägyptischen Tempel, mit dem Schwergewicht im 8. Bild, bilden die Achse und die Seele des ganzen Dramas. Das 8. Bild umfaßt zugleich die Vorgänge des gesamten Dramas: die Handlung als Träger des geistigen Elementes, die Handlung im stofflichen Bereich willenshafter Art, die Handlung, die auf- und niederschwebend beiden Polen hingegeben ist im elementarischen Bereich. Geist und Stoff in ihrer Durchdringung im Elementarischen bilden den Inhalt und die Kompositionselemente des vierten Dramas: Der Seele Erwachen als Geist unter Geistern im verzauberten Weben der Stoffeswelt.

Was zeigt uns nun das Siegel des vierten Dramas im Verhältnis zu den drei Siegeln der vorangehenden Dramen? Das Siegel des ersten Dramas, in seiner siebenfachen Spiegelung von innen nach außen und von außen nach innen, enthält Buchstaben, welche den Rosenkreuzerspruch bedeuten in lateinischer Sprache. Wer den Spruch weiß, dem spiegeln die Buchstaben seine Bedeutung zurück. Beim Lesen dieser Buchstaben beginnt das Auge links bei dem E und bewegt sich dann im Gegensinne des Uhrzeigers einmal im Kreise herum, um dann in das Innere zu dem SSR zu gelangen.

Liest man die Buchstaben des vierten Siegels, so ergeben sie: ICH ERKENNET SICH. Man beginnt in Nähe des Auges der Schlange bei dem I und liest nun im Uhrzeigersinne im Kreise herum, um am Schluß drei Buchstaben nochmals zu lesen. Das «ICH» wird nochmals überlaufen von dem «SICH». Die Worte erklingen in der Sprache der Dichtung, das heißt auf deutsch. Im ersten Spiegel sind die Worte verschlüsselt. Im vierten Siegel sind sie offenbar. Der Einband des ersten Dramas ist in einem hellen, rötlichen Violett gehalten. Stark rot leuchtet das Siegel daraus hervor. Beide Farbtöne sind verwandt in ihrer Wärme. Für das zweite Drama vertieft sich der Violett-Ton ins Dunkle, das Siegel dagegen hellt sich auf ins Goldgelbe. Die Plastizität, das Sonnenhafte lebt sich stärker dar. Auch die Dynamik der Linienführung selbst, die sich um den Fünfstern herum nach außen und nach innen bewegt, wird in sich plastischer, bewegter. – Das Siegel des dritten Dramas erscheint aus kühlem blauem Grunde als eine braune Zeichnung. Ein eigentümlicher Farbklang. Verfolgt man die Bewegung der Linienführung dieses Siegels, so ergreift sie das Gefühl wie ein aufflammendes Feuer, das sich dauernd in Bewegung hält. Der Untergrund weicht kühlend zurück, distanziert sich. Die Farbe der Linienführung will in der Bewegung immer flammend rot werden. Schaut man wieder auf die fixierte Zeichnung, so fällt das Rot in sich zusammen, wie verbrannt, und wird braun. Überläßt man sich wieder der Bewegung, so flammt sie nach innen rotgolden auf, will sich dem Blick entziehen, wie Musik sich dem Blick entzieht; faßt man mit dem Auge wieder zu, so bändigt sich die innerlich erlebte Bewegung in die Form zurück und bräunt sich, wie vertrocknend. Das Siegel regt an zu einem Erleben, das stark ins Übersinnliche weggerissen erscheint, auf dem

Papier aber nur etwas wie die Spur seines Wesens in einem Niederschlag zurückläßt.

Das Siegel des vierten Dramas beruhigt sich demgegenüber deutlich. Der rosa Untergrund des Einbandes strömt nach allen Seiten sich weitend nach vorne, auf uns zu. Aber milde, sanft. Das blaue Zeichen selbst weicht in den vordringenden Hintergrund hinein zurück, schmiegt sich ihm an, gibt sich ihm hin. Auch der Zusammenklang der beiden Farbtöne ist sanft, milde, ohne Gewalt. Kraft liegt in der Spannung der sich in den Schwanz beißenden Schlange, Spannung liegt in dem Verhältnis von zentralem Ring und Schlangenumkreis, verstärkt durch die Strahlen und Blitze, die Zeichnung der Buchstaben. – Zeichenhaft wirkt das erste Siegel, zur Gestalt sich belebend das zweite, mächtig, wie entkörpernd das dritte, magisch-geheimnisvoll, in sich selbst bestehend, menschlich-milde das vierte.

Das vierte Siegel zeigt in der Mitte einen in sich einheitlichen Kreis oder Ring. Der Ring der Schlange im Umkreis ist nicht einheitlich, sondern dynamisch gestaltet, nicht geschlossen, sondern sich zusammenfassend; die Schlange beißt sich in den Schwanz. Von dem inneren Kreis gehen Strahlen und Blitze aus wie von einem Stern oder einer Sonne. Neun Strahlen sind gerade, die drei Strahlen nach links gegen den Kopf der Schlange zu sind Blitze. Folgt man den geraden Strahlen nach außen, so erlebt man ein ruhiges Strömen. Folgt man den Strahlen, die plötzlich zum Zentrum zurückkehren, um sich dann nach außen zu wenden, so entsteht Bewußtsein. Man wird sich im Folgen der eigenen Bewegung bewußt. Der oberste Blitz zielt gegen das Auge. Der unterste Blitz nach dort, wo das Ende des Maules der Schlange mit dem Schwanze sich berührt. Der mittlere Blitz zielt auf die Stelle, wo der Atem der Schlange hervorgeht, wo sie ihren Zischlaut bildet. Der oberste Blitz hat den Laut I und trifft das Lichtorgan, das Auge der Schlange, aus dem zugleich ihr Innerstes hervorleuchtet. Der untere Blitz mündet in den Konsonanten T, nach dort, wo das Maul der Schlange nach dem Schwanze schnappt, wo ihr Wille zum Ausdruck kommt. Der mittlere Blitz zielt dahin, wo ihre Seele hörbar wird im Laut S. S steht auch bei diesem Blitz. I ist ein vokalisches T, T ist ein konsonantisches I. Es ist dasselbe als Laut, einmal von innen und einmal von außen hörbar. Die drei Worte: ICH ERKENNET SICH enthalten ja den Inhalt des gesamten Dramas, kulminierten aber im 9. Bilde in den Worten der Maria, wie wir schon gesehen haben. Die fünfzehn Buchstaben sind auf zwölf verteilt, indem drei Buchstaben zweimal benützt werden: ICH. Ich gebe keinerlei Deutung, sondern weise nur auf Zusammenhänge hin, in die man sich vertiefen kann. – Das Personenverzeichnis teilt die menschlichen Charaktere in 3 mal 4 Gestalten, die Träger des geistigen Elementes, der Hingabe und des Willens sind. Weitere drei Gestalten sind Träger des seelischen Elementes. Das macht fünfzehn Gestalten. Ebenfalls ist die Anzahl der Bilder 15. Oder im Sinne des Zeichens: 12 + 3.

Auffallend ist die Form der zwölf Buchstaben. Sie sind in einer bestimmten Weise stilisiert, verändert. Diese Buchstaben sind nicht nur Zeichen der Laute, sie sprechen als Formen, als Linien im Ganzen des Siegels. Das I ist eine Form, die von links nach rechts sich bewegt, indem sie zugleich von innen nach außen strahlt. Bildet man das I in das folgende C um, so erkennt man die Geste der Bewegung, die sich jetzt voll nach rechts wendet mit beiden Enden der Linie. Im H wird die vorangehende Form zurückgespiegelt und zugleich nach rechts gewendet; das Gleichgewicht der nach links und rechts schauenden Formengeste wird durch den waagrechten Strich betont. Im E intensiviert sich das Streben nach rechts, indem es sich verdreifacht. Das R ist die einzige Form, die sich oben vollkommen in sich abschließt; nach unten weist sie nach rechts unten; an der Stelle, wo sich die Form abschließt, ist ein Punkt. Im K öffnet sich diese geschlossene Form wieder; der waagrechte Strich entläßt bereits eine E-Form, die noch nicht ganz zu Ende gebildet ist. Sie bildet sich aus in dem folgenden E. In dem sich wiederholenden N hat sich das E in eine S-Form zurückgeschlungen um einen geraden Strich, der vom Zentrum zur Peripherie oder umgekehrt führt. Die E-Form greift in diesen beiden N-Formen gleichsam nach vorne außen und nach hinten innen aus. Dann versammelt sich die Linie wieder zum E, zum doppelten Umschließen oder dreifachen Weisen nach vorne. Das T ist die einzige Form, die durch zwei gerade Linien die Richtung des Umkreises mit der Richtung zum Zentrum verbindet. Darin schließt sich die Bewegung ab. Dann folgt in dem S die einzige Form, die das Innen-Außen mit dem «Vor» und «Zurück» verbindet. Das S schließt den ganzen Bewegungsablauf durch die Geste der Buchstaben in einer Gestalt zusammen. – Die oberen fünf Buchstaben vom I bis zum R wenden sich von einer offenen Geste zu einer geschlossenen im Fortschreiten; in der Mitte, im H, ruht die Form im Gleichgewicht. Der Punkt beim R markiert gleichsam wie ein Gongschlag das Abgeschlossensein. Die unteren sieben Buchstaben vom K bis zum S haben eine sich beschleunigende Dynamik, die im T erstarrt – wie eine Fermate – und im S sich in die Gesamtbewegung wieder zurückschlingt.

Die zwölf Buchstaben finden sich zusammen durch jeweils zwei aufeinander senkrecht stehende Achsen zu je vier Buchstaben. 1. Das Kreuz S – K/H – N. 2. Das Kreuz I – E/E – E. 3. Das Kreuz T – R/C – N. Die 1. Gruppe besteht aus zwei Blaselauten und zwei Stoßlauten. In ihnen drückt sich aus das luciferische und das ahrimanische Element, das Element der Sylphen und der Gnomen, das Element des Geistes oder Feuers und das Element des kristallisierten Geistes oder Stoffes. Diese Gruppe faßt in sich das Geistelement des Dramas. Die 2. Gruppe mit ihren Vokalen spricht das seelische Element aus. In der 3. Gruppe kommt im R all das zum Ausdruck, was in Bewegung setzt, was in Umlauf bringt, was Leben schafft, während im T alle Bewegung zur Ruhe, zur Ausgestaltung, zum Tode führt. Auf dem Wege vom R zum T steht das N, das sich hinschwingende, beruhigende, verdichtende. Auf dem Wege vom T zum R steht das C, das die Materie leicht macht, durchsichtig. In dieser Lautfolge lebt das Rad des Lebens, der Verleibung und Entleibung. – Wie im Personenverzeichnis finden wir auch in dem Siegel eine vierfältige Dreiheit, die sich wiederum als Dreiheit wie die Seele des Ganzen ausprägt.

Bewegt man sich vom Zentrum zur Peripherie oder umgekehrt, so durchläuft man vier Kreise. Der Kreis der geraden Strahlen und Blitze vereinfacht seine Formen gemäß der Mitte. Der Kreis der Buchstaben kompliziert die Geste seiner Formen gemäß der dynamischen Gestalt der Schlange. – Erlebt man zwischen den breiteren Formen des zentralen Ringes und der Schlange die dazwischen liegenden beiden Formenkreise als ein Element zwischen Zentrum und Peripherie, so erlebt sich eine Dreiheit. Das mittlere Element dieser Dreiheit erstarrt nach innen mehr in seiner Gestalt und wird nach außen dynamisch bewegt. – Wo wir auch die Zusammenhänge künstlerisch miterlebend verfolgen, das Siegel führt uns in die Stimmungen überall hinein, die wir aus dem ganzen Drama kennen. Welches Wunder der Künstlerschaft steht vor uns, daß eine Sprache Worte prägte, die sich so zusammenfügten, daß

Rudolf Steiner sie in diesem Siegel und seiner linearen Gestalt zu einer solchen Offenbarung bilden konnte! Wie grandios und auch wie einfach! Wie unerschöpflich auch – im Weitersuchen immer Neues entzündend.

Die vier Mysteriendramen Rudolf Steiners sind Fragment. Der Gang der Handlung ist nicht abgeschlossen. Die Entwicklungen sind dahin geführt, wo sie nach neuen dramatischen Entwicklungen fragen. Eine solche Frage haben wir in den letzten Worten des Benedictus erlebt. Eine solche Frage in der Seele des Capesius blieb unbeantwortet. Wie wird Maria, die durch das Erwachen in der Weltenmitternacht sich bewußt wurde, wie die Morgenröte der griechischen Kultur mit ihrem persönlichsten Schicksal verbunden ist, wie wird sie sich zu dem Werke des Hilarius in der Zukunft stellen können? Wie wird der Maler Thomasius sich selbst und dieses Werk zur Einheit bilden können? Und viele solche Fragen erheben sich am Ende des vierten Dramas. – Und hiermit möchte ich diese ja sehr fragmentarischen Ausführungen beschließen. Und ich möchte denjenigen doch ganz herzlich danken, die die Geduld hatten, von Anfang bis Ende diese Wanderung mitzumachen, die ja nur ein Anfang sein kann in der Beschäftigung mit diesen Werken.

Literaturhinweis

Dem besonderen Charakter dieser Einführung entsprechend werden im folgenden ausschließlich ausgewählte Schriften und Vorträge *Rudolf Steiners* genannt.

Vier Mysteriendramen. GA 14, 4. Aufl. Dornach 1981.
Taschenbuchausgabe in zwei Bänden:
Mysteriendramen I: Die Pforte der Einweihung/Die Prüfung der Seele. Dornach 1982 (TB 607).
Mysteriendramen II: Der Hüter der Schwelle/Der Seelen Erwachen. Dornach 1983 (TB 608).
Sonderausgaben aus den Mysteriendramen: *Vier Märchen aus den Mysteriendramen*: Das Märchen vom Quellenwunder – Woher kommt das Böse? – Das Märchen von der Phantasie – Das Märchen vom Lieben und Hassen und vom «Klugen Verstand». Dornach 1982.
Ägyptische Szene aus dem Mysteriendrama «Der Seelen Erwachen». Dornach 1968.

Entwürfe, Fragmente und Paralipomena zu den Vier Mysteriendramen. GA 44. Dornach 1969.

Über die Mysteriendramen «Die Pforte der Einweihung» und «Die Prüfung der Seele». Drei Vorträge, Basel 17.9.1910, Berlin, 31.10.1910 und 19.12.1911. (Aus: GA 125 und GA 127.) Dornach 1982.

Die Geheimnisse der biblischen Schöpfungsgeschichte. Elf Vorträge, München, 18. bis 28.8.1911. GA 122. 5. Aufl. Dornach 1976.

Weltenwunder, Seelenprüfungen und Geistesoffenbarungen. Elf Vorträge, München, 18. bis 28.8.1911. GA 129, 5. Aufl. Dornach 1977.

Von der Initiation. Von Ewigkeit und Augenblick. Von Geisteslicht und Lebensdunkel. Acht Vorträge, München, 25. bis 31.8.1912. GA 138, 3., erw. Aufl. Dornach 1959.

Die Geheimnisse der Schwelle. Acht Vorträge, München, 24. bis 31.8.1913. GA 147, 5. Aufl. Dornach 1982.

Die Geheimwissenschaft im Umriß. GA 13, 26. Aufl. Dornach 1977. (Taschenbuchausgabe: TB 601.)

Die geistige Führung des Menschen und der Menschheit. GA 15, 9. Aufl. Dornach 1974. (Taschenbuchausgabe: TB 614.)

Ein Weg zur Selbsterkenntnis des Menschen. GA 16, 6. Aufl. Dornach 1968. (Taschenbuchausgabe: TB 602.)

Die Schwelle der geistigen Welt. GA 17, 6. Aufl. Dornach 1972. (Taschenbuchausgabe: TB 602.)